Andreas Nemeth

Kunden gibt's, die gibt's gar nicht
Schwierige Kunden? – Kein Problem!

ANDREAS NEMETH

Kunden gibt's, die gibt's gar nicht

Schwierige Kunden?
Kein Problem!

IMPRESSUM

© 2013 NEW Verlag Andreas Nemeth, Bad Kissingen
Alle Rechte vorbehalten
Herstellung: Books on Demand GmbH, Norderstedt
Gestaltung & DTP: Wolf Scherner, Bad Kissingen
Foto Umschlag Vorderseite: Claus Lehmann, Diessen am Ammersee
Lektorat: Ulrike Ascheberg-Klever, Köln

ISBN: 978-3-944638-00-3
1. Auflage 2002
Überarbeitete Neuauflage 2013

Bibliografische Information der Deutschen Nationalbibliothek
Die Deutsche Nationalbibliothek verzeichnet diese Publikation in
der Deutschen Nationalbibliografie; detaillierte bibliografische
Daten sind im Internet über Hyperlink *http://dnb.d-nb.de* abrufbar.

Inhalt

Einleitung

Kunden gibt's, die gibt's gar nicht. Und genau über diese Kunden gibt es nun ein Buch. Vielleicht werden Sie sich fragen: Was kann schon in einem Buch stehen, in dem es um Menschen geht, DIE ES GAR NICHT GIBT?

In diesem Buch geht es nicht um Kunden, die es nicht gibt, sondern über bestimmte Kundentypen, die man sich manchmal gar nicht vorstellen kann oder sogar gar nicht vorstellen möchte. Kunden, die einem das Leben im Verkauf mehr oder weniger schwer machen können.

Derzeit lautet das Motto in vielen Verkaufs- und Servicetrainings: „Jeder Kunde ist unser Gast, Freund und vielleicht sogar unser König!"

Und nun haben Sie ein Buch in Händen, in dem am Anfang nichts von Freund oder Gast, geschweige denn König steht, sondern Begriffe wie „der Arrogante", „der Dampfplauderer" oder sogar „der Angetrunkene" mit dem Kunden in Verbindung gebracht werden. Heißt das, wir sollen unsere Kunden unter diesen Gesichtspunkten betrachten und sie in die obengenannten Schubladen stecken?

Die Antwort lautet ganz klar:

Nein!

Denn, ob Sie es glauben oder nicht:
Die meisten Kunden können Sie gar nicht in diese Kategorien stecken. Denn die Mehrzahl ist weder angetrunken, noch arrogant, geschweige denn dampfplaudernd. Doch haben wir es immer wieder einmal mit den oben genannten Kundentypen zu tun. Und jetzt geschieht bei uns Menschen etwas weniger Erbauliches: Durch diese zwar selten auftretenden, aber eher unangenehmen Zeitgenossen

festigt sich ein bestimmtes Bild bei uns. Ohne dass wir es merken oder beabsichtigen, richtet sich unsere Aufmerksamkeit immer mehr auf diese Mitmenschen. Und dadurch, dass diese oftmals weniger erfreulichen Verkaufsgespräche einen Großteil unserer Konzentration beanspruchen,entsteht bei uns häufig der Eindruck, dass eben diese unangenehmen Kunden überwiegen.

Oder wie sieht das bei Ihnen aus? Nehmen wir einmal an, Sie haben an einem Tag 20 Kunden und einer dieser Kunden verhält sich nicht so, wie Sie es sich gerne wünschen. Es könnte zum Beispiel sein, dass er in einem Tonfall reklamiert, den Sie als verletzend empfinden. Über wen sprechen Sie in Ihrer Mittagspause oder an Ihrem Feierabend? Über die 19 Kunden, die sich mehr oder weniger unauffällig verhalten haben? Oder eher über den einen, über den Sie sich vielleicht ein wenig geärgert haben?

Wahrscheinlich über den einen unhöflich reklamierenden Kunden oder? Das ist auch weiter nicht schlimm, sondern kann für Ihre Psyche sogar sehr hilfreich sein. Denn es ist besser seinem Ärger Luft zu machen, als diesen Ärger in sich hinein zu fressen. Doch genau an diesem Punkt kann etwas nicht ganz so Erbauliches passieren. Kommt es häufiger zu diesen unerfreulichen Kundenereignissen, was durchaus wahrscheinlich ist, programmieren wir unser Unterbewusstsein – ohne es zu merken – auf die Wahrnehmung dieser Kundentypen.

Im Alltag hat dieser Mechanismus zur Folge, dass wir unseren Wahrnehmungshebel immer mehr auf die weniger erfreulichen Kundenkontakte lenken. Mit der Zeit speichert unser Gedächtnis vor allen Dingen diese Begegnungen ab. Und wenn wir nicht aufpassen, dann entsteht in unserem Gehirn der Eindruck, dass die unangenehmen Gespräche überwiegen. Diese Verhaltensweise kann bei manchen Menschen sogar dazu führen, dass Sie einen Beruf, den sie irgendwann einmal geliebt haben, mit der Zeit überhaupt nicht mehr ausstehen können. Das ist sicherlich die schlimmste Variante; und Gott sei Dank nicht allzu weit verbreitet.

Was kann man nun dagegen tun?

Der erste Tipp ist folgender:
Relativieren Sie die unangenehmen Kundenkontakte!

Das bedeutet: Wenn Sie sich schon über den einen oder anderen Kunden aufregen, dann sorgen Sie dafür, dass Sie sich gleich im Anschluss an Ihre Schimpfkanonade, auch an die angenehmen Kundenkontakte des Tages erinnern. Machen Sie es sich zur Aufgabe, nach jedem weniger erfreulichen Aufeinandertreffen sofort die erfreulichen oder auch normalen Begegnungen ins Gedächtnis zu rufen.

Das könnte folgendermaßen ablaufen:
„Also ich muss Euch einmal erzählen, was mir heute mit einem Kunden passiert ist." Jetzt kommt die Geschichte mit dem weniger erfreulichen Kunden. Doch gleich im Anschluss an diese Geschichte, mit der Sie Ihrem Herzen Luft gemacht haben, sollten Sie sich angewöhnen über die netten und erfolgreichen Verkaufsgespräche des Tages zu berichten.

Das könnte folgendermaßen klingen:
„Neben diesem Miesepeter, hatte ich natürlich auch noch andere Kunden, die ich heute beraten habe. Da war zum einen diese nette Dame aus der Umgebung, die sich bei mir so begeistert für meine gute Beratung bedankt hat, dass es mir richtig warm ums Herz wurde. Und das eine Ehepaar, dass eigentlich nur ein T-Shirt kaufen wollte, hat

dank meiner Unterstützung bei der Suche und Auswahl noch einen Blazer, einen Rock, eine Bluse und zwei T-Shirts mitgenommen." In Ihrem Alltag werden Ihnen sicherlich noch weitere positive Erlebnisse einfallen.

Mit dieser Vorgehensweise sorgen Sie dafür, dass Ihr Unterbewusstsein nicht in die Falle der meisten Menschen läuft. Und diese Falle heißt:

Die Überbewertung negativer Ereignisse!

Diesen Tipp können Sie natürlich auch für Ihren persönlichen Lebensbereich anwenden. Denn auch hier fallen wir Menschen allzu gern in dieses Verhalten der Überbewertung.

Nehmen wir nur einmal folgendes Beispiel: Ein Kind bringt eine oder mehrere schlechte Noten von der Schule mit nach Hause. Was passiert mit der Wahrnehmung der Eltern? Viele Eltern schalten ihren Wahrnehmungshebel unbewusst auf die negativen Eigenschaften ihres eigenen Kindes. Das könnte dann folgendermaßen klingen: „Unser Kind ist faul. Es ist zu nichts zu gebrauchen. Aus unserem Kind wird wohl nie etwas werden."

Ich gebe zu, das ist schon ziemlich harter Tobak, den ich hier gewählt habe. Doch wenn Sie in manche Familien hineinsehen und vor allem hineinhören, dann werden Sie feststellen, dass es solche Verhaltensweisen tatsächlich bei Eltern gibt. Sehen Sie und genau an diesem Punkt der Erziehung könnten diese Eltern sich aus der Falle der Überbewertung befreien. Natürlich kann man feststellen, dass Kinder nicht gerade zu den fleißigsten Schülern auf dieser Welt gehören. Und selbstverständlich kann man sich auch mit seinen Kindern darüber unterhalten, ob etwa nicht andere Lernmethoden oder etwas längere

Lernzeiten sinnvoll sind. Doch sollte man sich davor hüten, seine Kinder wegen ein paar schlechten Noten in Bausch und Bogen zu verdammen.

Auch hier kann man, genauso wie im beruflichen Bereich, sofort nach dem negativen Aspekt hergehen und sich die positiven Eigenschaften und Fähigkeiten seines Kindes bewusst machen. Mit dieser Vorgehensweise sorgt man dafür, dass der eigene Wahrnehmungshebel nicht in eine negative Richtung gelenkt wird und trotz mancher, manchmal nur vermeintlicher Defizite die Relation auch beim Umgang mit den eigenen Kindern gewahrt bleibt. Für diesen Tipp gilt natürlich auch der weise Spruch:

Übung macht den Meister!

Und wenn Sie diesen Tipp nicht nur im persönlichen, sondern auch im beruflichen Lebensbereich anwenden, werden Sie unweigerlich ein Mensch, der immer besser dazu in der Lage ist, die vielen angenehmen Seiten des Lebens wahrzunehmen und sich nicht so sehr von den weniger angenehmen Aspekten nach unten ziehen zu lassen. Gute Voraussetzungen, um im Endeffekt ein überdurchschnittlich glückliches Leben zu führen!

Kommen wir nun zu dem zweiten Tipp im Umgang mit weniger erbaulichen Kundenkontakten:

Lernen Sie mit den unterschiedlichen Kundentypen professionell umzugehen!

Aus genau diesem Grund habe ich das vorliegende Buch für Sie geschrieben. Sie werden beim Lesen der folgenden Kapitel feststellen, dass es gar nicht so schwierig ist, mit den unterschiedlichen

Kundentypen umzugehen. Hat man erst einmal den Kniff heraus, wie man beispielweise mit arroganten oder auch nörgelnden Kunden zurechtkommt, wird man mit der Zeit sogar Gefallen daran finden, gerade diese Kunden zu beraten und Ihnen vor allen Dingen etwas zu verkaufen. Im Extremfall kann das sogar so weit gehen, dass einem nette und unkomplizierte Kunde fast langweilig werden. Aber so weit wollen wir es dann doch nicht treiben.

Lassen Sie uns also einmal die Kunden, die es eigentlich gar nicht gibt, etwas genauer ansehen.

Der Arrogante

„Hören Sie mal her junger Mann, wenn das alles ist, was Sie mir zu bieten haben, dann können Sie Ihre Pullover gleich wieder einpacken. Ich trage doch nicht dieses Allerweltszeug. Ich bin Besseres gewohnt."

Na wunderbar, werden Sie sich vielleicht denken. Was kann man mit so einem Kunden denn noch anfangen? Der gibt einem ja überhaupt keine Chance. Auf den ersten Blick betrachtet, lässt das Verhalten des Kunden tatsächlich diesen Schluss zu. Doch wenn wir ihn uns einmal genauer ansehen, werden Sie sehr schnell erkennen, um was es diesem Kunden in Wirklichkeit geht.

Diese auf uns arrogant wirkende Art hat nämlich, wie letztendlich alle Eigenarten von Menschen, einen tieferen Hintergrund. Dieser Hintergrund ist meist tief verwurzelt in unserem Unterbewusstsein und uns selbst in den seltensten Fällen bewusst. Oder haben Sie keine Eigenarten, die Ihren Mitmenschen das Leben manchmal schwer machen? Verhalten Sie sich immer perfekt, gut gelaunt und tolerant? Wenn ja, schicken Sie mir bitte Ihre Adresse. Denn diesen perfekten Menschen möchte ich gerne einmal kennen lernen. Wenn nein, dann wissen Sie vielleicht bereits, dass wir Menschen zuweilen Verhaltensweisen an den Tag legen, die wir uns nicht einmal selber erklären können. Es kommt sogar vor, dass wir uns in einer Art benehmen, die wir selbst nicht für gut heißen.

Wenn wir ehrlich sind, müssen wir eingestehen, dass wir alle Ab und zu Verhaltensweisen an den Tag legen, die wir selbst überhaupt nicht ausstehen können. Und doch klappt es mit dem Abschalten dieses Benehmens nicht so recht. Platzt Ihnen nicht auch manchmal in Situationen der Kragen, in denen andere Menschen ruhig und gelassen bleiben? Sehen Sie und genau hier sind wir an dem Punkt, bei dem unser Unterbewusstsein eine große Rolle spielt. Tief in uns verankert, gib es gewisse Mechanismen, aus welchen Gründen auch immer, die wir erst einmal mit unserem Bewusstsein nicht steuern können. Und da in dieser Beziehung alle Menschen gleich gestrickt sind, außer eben der perfekte Mensch, den ich wie gesagt leider nicht kenne, haben auch Ihre Kunden diese mehr oder weniger erfreulichen Persönlichkeitsmerkmale.

Hat man sich diesen menschlichen Mechanismus einmal bewusst gemacht, fällt einem der Umgang mit den unterschiedlichen Menschen bedeutend leichter. Auch der Umgang mit sich selbst wird mit dieser Erkenntnis um ein Vielfaches angenehmer. Man wird nämlich nicht nur anderen Menschen gegenüber toleranter, sondern eben auch sich selbst und seinen eigenen Macken gegenüber. Das soll nicht bedeuten, dass man nicht mehr an sich arbeiten und sich nicht weiter entwickeln soll und kann. Dieser Hinweis soll Ihnen nur helfen, etwas geduldiger mit sich und mit Ihren Mitmenschen umzugehen.

Wenden wir uns unter diesem Aspekt noch einmal dem oben zitierten Kunden zu. Allem Anschein nach ist er mit dem angebotenen Sortiment nicht zufrieden und tut dies auf eine, wir würden sagen, arrogante Art und Weise kund.

Was könnte der Beweggrund für diese Verhaltensweise bei besagtem Kunden sein. Sicher, es kann sein, dass ihm unser Sortiment wirklich nicht gefällt. Doch ein anders veranlagter Kunde würde uns dies auch in einem anderen Ton mitteilen.

Die folgenden vier Fragen werden Ihnen in Zukunft in diesen und ähnlichen Situationen mehr als hilfreich sein:

Weshalb legt dieser Kunde diese Verhaltensweise an den Tag?

Was könnten die Beweggründe für dieses Verhalten sein?

Was möchte dieser Kunde mit seinem Auftreten bezwecken?

Wie könnte bzw. sollte ich reagieren?

Wenn Sie sich diese Fragen auch in eher unerfreulichen privaten Gesprächen stellen, werden Sie sowohl in Ihrem Berufsleben als auch im privaten Bereich eine völlig neue Arbeits- bzw. Lebensqualität installieren. Sie werden einen völlig neuen Kommunikationsstil in all Ihre Gespräche bringen. Nicht nur Ihre Kunden, sondern Ihr gesamtes berufliches und privates Umfeld wird mehr als überrascht sein, wie souverän Sie mit stressigen Gesprächssituationen umgehen. Mit den oben genannten Fragen trainieren Sie auf jeden Fall Ihr Verständnis und Ihre Toleranz gegenüber Ihren Mitmenschen.

Und ein Verkäufer, der sein Verständnis für seine Kunden und seine Toleranzschwelle nach oben verschoben hat, wird unweigerlich erfolgreicher verkaufen, als ein Kollege dessen Verständnis- und Toleranzschwelle eher im unteren Bereich angesiedelt sind. Dass auch Ihre privaten Gespräche erfolgreicher, konstruktiver und liebevoller verlaufen, ist ein nicht eben kleiner Nebeneffekt dieser vier Fragen.

Am besten notieren Sie sich diese Fragen gleich auf einen Zettel, den Sie immer bei sich tragen, sei es im Portemonnaie, im Kalender oder in der Handtasche. Idealerweise lesen Sie sich diese vier Fragen eine Zeit lang jeden Tag mehrmals durch. Und das praktizieren Sie so lange, bis Ihnen diese Fragen in Fleisch und Blut übergegangen sind. In Fleisch und Blut übergehen bedeutet in diesem Zusammenhang, dass Ihnen in jeder nervenden Gesprächssituation, sofort diese Fragen in den Kopf kommen und Sie somit die persönliche Toleranz- und Verständnisschwelle nach oben katapultieren können.

Wenn Sie sich erst einmal bewusst gemacht haben, welche

Gründe hinter dem jeweiligen Verhalten Ihrer Gesprächspartner bzw. Ihrer Kunden steckt, ist es meist ein Leichtes, entsprechend auf die unterschiedlichen Verhaltensweisen zu reagieren.

Schauen wir uns nun mit Hilfe der vier Fragen einmal den vermeintlich arroganten Kunden an.

Frage 1:
Weshalb legt dieser Kunde diese Verhaltensweise an den Tag?

Hier kann es viele Gründe geben. Vielleicht ist er nur schlecht gelaunt, oder ihm gefällt unser Sortiment wirklich nicht, usw. Alles ist möglich!

Frage 2:
Was könnten die Beweggründe für dieses Verhalten sein?

Bei diesem Kunden könnte es sich durchaus um eine Art Geltungssucht handeln. Mit seiner unfreundlichen und herablassenden Art, möchte er uns vielleicht einfach demonstrieren, welche hohen Ansprüche er hat.

Frage 3:
Was möchte dieser Kunde mit seinem Auftreten bezwecken?

Die Antwort auf diese Frage ergibt sich meist aus den Antworten der Frage 2. In unserem Fall liegt es nahe anzunehmen, dass der Kunde mehr Beachtung bzw. Anerkennung seiner Person wünscht.

Frage 4:
Wie sollte bzw. könnte ich auf diesen Kunden reagieren?

In diesem Fall liegt die Antwort auf der Hand. Geben Sie ihm die Anerkennung, die er sich wünscht. Signalisieren Sie Verständnis für seine Verhaltensweise. Sagen Sie ihm, dass Sie es gut finden, wenn ein Mensch hohe Ansprüche und einen erlesenen Geschmack hat.

Und dann signalisieren Sie ihm, dass Sie absolut sicher sind, etwas für Passendes für seinen außergewöhnlichen Geschmack zu finden.

Ich kann Ihnen zwar nicht versprechen, dass dieser Kunde zu 100 Prozent bei Ihnen kaufen wird. Doch eines kann ich Ihnen versichern: Der Kunde wird Ihnen und Ihrem Warenangebot nach dieser Entgegnung mit absoluter Sicherheit bedeutend aufgeschlossener gegenüberstehen.

Diese Verhaltensweise wird dem ein oder anderen Leser am Anfang sicherlich nicht leicht fallen. Doch mit der Zeit werden Sie feststellen, dass Sie sich mit dieser Methode das Leben bedeutend erleichtern und gerade mit den oben angegebenen Zeitgenossen nicht nur besser zurechtkommen, sondern auch noch Ihren Spaß haben werden. Sie müssen allerdings aufpassen, dass diese Kunden nicht plötzlich zu neuen Stammkunden werden. Doch Spaß beiseite, dass ist natürlich ein Hauptziel bei dieser Strategie und bei diesen Kundentypen.

Ein Hinweis ist mir an dieser Stelle noch sehr wichtig. Übernehmen Sie bitte nicht die Formulierungen aus diesem Buch, sondern finden Sie Ihre eigenen Formulierungen. Sprechen Sie möglichst immer so, wie Ihnen der Schnabel gewachsen ist. Auch wenn ich mich in diesem Buch bemühe, einen sehr persönlichen Schreibstil zu verwenden, so existiert immer noch ein Unterschied zwischen dem geschriebenen und dem gesprochenen Wort. Außerdem spielen persönliche Faktoren bei der Sprache und die Region, in der Sie leben, eine sehr wichtige Rolle im Umgang mit Ihren Kunden. Das soll kein Plädoyer für reinstes Plattdeutsch oder urbayrischem Dialekt sein. Ich möchte Ihnen mit diesem Hinweis nur bewusst machen, wie wichtig es ist, in jedem Verkaufsgespräch die eigene Persönlichkeit einzubringen.

Damit Sie dies gleich üben können, nutzen Sie die folgende Checkliste, um für sich ein paar Formulierungen für den Umgang mit arrogant und überheblich wirkenden Kunden zu finden.

Formulierung bzw. Verhalten des Kunden:

Kunde: *„Ich suche etwas ganz Besonderes. Den üblichen Schnickschnack brauchen Sie mir gar nicht zu zeigen."*

Weshalb legt dieser Kunde diese Verhaltensweise an den Tag?

Was könnten die Beweggründe für dieses Verhalten sein?

Was möchte dieser Kunde mit seinem Auftreten bezwecken?

Wie könnte bzw. sollte ich reagieren?

Und sind Ihnen einige persönliche Gedanken und Formulierungen eingefallen? Ich bin sicher! Mit der Zeit werden Sie feststellen, dass Ihnen der Umgang mit solchen Kunden immer leichter fallen wird.

Damit Sie im Umgang mit allen Kunden, die es gar nicht gibt, noch professioneller umgehen können, finden Sie am Ende eines jeden Kapitels nicht nur eine kleine Übung, sondern auch Raum für Ihre persönlichen Gedanken. Mit Hilfe der folgenden Fragen, können Sie sich selbst bewusster machen, wie Sie bisher in den entsprechenden Situationen gedacht, gefühlt und reagiert haben, und wie Sie in Zukunft reagieren möchten.

Bleiben Sie jedoch auch im Umgang mit sich selbst geduldig, denn Sie werden nicht immer jede Verhaltensweise von heute auf morgen perfekt umsetzen können. Gönnen Sie sich immer die Zeit, die Sie brauchen, um entspannter oder auch konsequenter zu reagieren. Ein Mensch der seit 20, 30 oder 40 Jahren eine bestimmte Verhaltensweise an den Tag gelegt hat, wird nicht von jetzt auf gleich in der Lage sein, diese abzulegen bzw. zu ändern. Doch mit der Zeit werden Sie sehen, zu welchen phänomenalen Verhaltensänderungen wir Menschen in der Lage sind. Und die Erfolge mit den bisher nicht immer so angenehmen Situationen, werden Motivation genug für Sie sein, um weiterhin am Ball zu bleiben.

Meine Gedanken zu diesem Kapitel:

Wie habe ich mich bisher in Situationen mit diesem Kundentyp gefühlt?

Wie möchte ich mich gerne in zukünftigen Situationen fühlen?

Wie habe ich bisher in Situationen mit diesem Kundentyp gedacht?

Wie möchte ich gerne in zukünftigen Situationen denken?

Wie habe ich bisher in Situationen mit diesem Kundentyp gehandelt?

Wie möchte ich gerne in zukünftigen Situationen handeln?

Der Schweigsame

„Mmh, mmh, mmh!", das ist das Einzige, was der Verkäufer seit 15 Minuten von dem Kunden hört. Bei jedem Fernseher, den er dem Kunden zeigt, kommt immer wieder nur: „Mmh!" „Wie soll ich da etwas verkaufen, ich habe ja gar keinen Anhaltspunkt daran, was der Kunde eigentlich möchte?", denkt sich der Verkäufer.

Dies ist wirklich ein schwieriger Fall. Man kann reden und tun was man will, der Kunde ist einfach nicht aus der Reserve zu locken. Was kann man da machen? Eines ist auf jeden Fall sicher: Hören Sie in diesen Fällen auf, Artikel zu präsentieren. Denn wahrscheinlich könnten Sie noch stundenlang Ihr gesamtes Sortiment zeigen, der schweigsame Kunde wird seine Verhaltensweise kaum ändern.

Was ist also zu tun?

In diesen Fällen nützt weder zu präsentieren noch zu reden etwas. Rhetorisch haben Sie nur eine Möglichkeit, aus diesem Dilemma herauszukommen, und zwar mit Hilfe von offenen Fragen. Dies sind alle Fragen, die mit einem W-Fragewort beginnen, die also mit folgenden Wörtern eingeleitet werden:

Wer – wie – was – wo – wozu – weshalb – warum

Arbeiten Sie mit diesen Fragen, muss der Kunde Ihnen zwangsläufig eine Antwort geben. Fragen Sie Ihren Kunden beispielsweise: „Was für eine Bildschirmgröße stellen Sie sich vor?", kann er schlecht mit „Ja" oder „Nein" antworten.
Fragen Sie ihn allerdings: „ Sagt Ihnen dieses Modell zu?", besteht die Möglichkeit, dass der „Schweigsame" mit einem „Mmh" oder mit einem „Mmh, mmh" antwortet.

Stellen wir uns nun die vier Fragen, um auch diesem Kundentyp näherzukommen.

Weshalb legt dieser Kunde eine derartige Verhaltensweise an den Tag?

Das können unterschiedliche Gründe sein. Vielleicht ist der Kunde schlecht aufgelegt und hat deswegen keine Lust zu sprechen. Um diesen schlecht aufgelegten Kunden kümmern wir uns in einem späteren Kapitel. Das beschriebene Verhalten kann aber auch damit zusammenhängen, dass der Kunde unentschlossen ist. Auch um den unentschlossenen Kunden werden wir uns in einem der folgenden Kapitel kümmern.

Ziemlich wahrscheinlich ist, dass es sich bei dem schweigsamen Kunden um einen Menschen handelt, der von Natur aus eher ein ruhig ist und sich in anderen Lebenssituationen ebenfalls zurückhaltend benimmt.

Was könnten die Beweggründe für dieses Verhalten sein?

Sehr oft handelt es sich bei diesem Verhalten um eine Art Selbstschutz. Diese Kunden haben häufig Bedenken, dass sie von Verkäufern falsch beraten oder sogar über den Tisch gezogen werden. Sie befürchten, dass sie dem Verkäufer mit Meinungsäußerungen mehr Möglichkeiten bieten, ihnen etwas aufzuschwatzen. Bewusst oder auch unbewusst handeln diese Kunden nach dem Motto:

Vorsicht ist die Mutter der Porzellankiste!

Was möchte dieser Kunde mit diesem Auftreten bezwecken?

Wie bereits erwähnt, möchte sich der schweigsame Kunde gegen zu aufdringliche Verkäufer schützen. Doch vor allen Dingen hat dieser Kunde einen Wunsch: Er möchte seine Entscheidungen in Ruhe treffen. Sein Dilemma besteht darin, dass er einen Berater benötigt, um eine Entscheidung zu treffen. Sonst wäre er ja nicht bei Ihnen und würde sich beraten lassen.

Wie könnte bzw. sollte ich reagieren?

Das Wichtigste bei dem schweigsamen Kunden ist, dass Sie zunächst

Vertrauen aufbauen!

Vertrauen ist natürlich generell ein sehr wichtiger Bestandteil bei allen Ihren Verkaufsgesprächen. Doch bei dem schweigsamen Kunden haben Sie ohne den Vertrauensaufbau überhaupt keine Chance. Und: Das Vertrauen ist bei diesem Kundentyp sehr schnell zerstört. Dieser Kunde braucht nur auf einen Verkäufer zu stoßen, der ihn mit Fachbegriffen und Floskeln zuschüttet, und schon ist es mit dem Vertrauensaufbau vorbei.

Deswegen wäre folgende Formulierung am Anfang des Gesprächs mit dem „Schweigsamen" absolut fehl am Platze: „Dieses Gerät müssen Sie einfach haben; das ist das Beste, was wir Ihnen bieten können!" Dieser Kunde wird sich dann sehr wahrscheinlich zurückziehen und auf Nimmerwiedersehen verschwinden. Lassen Sie diesem Kunden einfach die Zeit, die er braucht, um Vertrauen zu Ihnen aufzubauen.

In der Praxis bedeutet dies, dass auch Sie am Anfang des Gesprächs etwas ruhiger agieren und dem Kunden signalisieren, dass er hier nicht mit Druck zu rechnen hat. Geben Sie ihm nicht nur Zeit, sondern auch den Raum, den er für sich benötigt. Hiermit ist Raum im wahrsten Sinne des Wortes gemeint: Halten Sie einen körperlichen Abstand zu dem Kunden ein, der ihm das Gefühl vermittelt, dass er sich hier frei bewegen kann. Sollten Sie diesem Kunden zu nah auf die Pelle rücken, wird er sich sofort bedrängt fühlen. Dieses Gefühl kann so stark werden, dass er Ihr Geschäft rasch verlässt.

In der Psychologie spricht man bei einem Abstand von bis zu 1,20 Meter von der persönlichen Zone. Das ist die typische Distanz zwischen Chef und Mitarbeiter, zwischen Kunde und Verkäufer. Wird dieser Abstand unterschritten, wie es z.B. im Fahrstuhl vorkommt, beschleichen die meisten von uns unangenehme Gefühle. Dennoch handelt es sich dabei natürlich um ein individuelles Empfinden! Worauf Sie sich aber in jedem Fall verlassen können: Immer wenn der Kunde eine Rückwartsbewegung vornimmt, sind Sie ihm zu nahegerückt. Wenn also der Kunde einen Schritt nach hinten macht oder seinen Oberkörper nach hinten bewegt, heißt das spätestens für Sie:

Stopp!

Am besten gehen auch Sie jetzt einen Schritt zurück und beobachten die Reaktion des Kunden. Entspannt sich seine Körperhaltung oder geht er einen Schritt auf Sie zu, dann haben Sie wieder einen für den Kunden angenehmen Abstand hergestellt. Entspannt sich seine Körperhaltung nicht, dann sind Sie immer noch zu nahe bei ihm und gehen am besten einen weiteren Schritt nach hinten.

Es kann bei manchen Kunden passieren, dass sich auf diese Weise ein für Ihre Begriffe sehr weiter Abstand ergibt. Doch nicht Ihr Gefühl ist hierbei entscheidend, sondern das Empfinden des Kunden ist der entscheidende Faktor.

Der richtige Abstand ist immer eine sehr individuelle Angelegenheit. Gerade bei dem schweigsamen Kunden ist dieser Abstand meist ein wenig weiter als bei anderen Kunden. Haben Sie erst einmal Vertrauen aufgebaut, kann es allerdings sein, dass der Kunde von sich aus den bestehenden Abstand verringert. Dies ist stets ein sehr positives Signal. Denn unbewusst signalisiert Ihnen der Kunde jetzt:

„Ich vertraue Dir!"

Und damit haben Sie meist schon gewonnen.

Auch Ihre Sprache sollte am Anfang dieser Verkaufsgespräche eher zurückhaltend und etwas ruhiger sein als Sie es sonst gewöhnt sind. Denn eines liebt der schweigsame Kunde mit Sicherheit nicht:

hektische Verkäufer!

Also sprechen Sie bewusst ein wenig ruhiger, vielleicht sogar etwas leiser als Sie es sonst tun. Sie werden bald merken, bei diesem Kunden können Sie getrost nach folgendem Motto handeln:

In der Ruhe liegt die Kraft!

Jedes Signal, dass diesem Kunden signalisiert, dass er an einen Verkäufer geraten ist, der ihn nicht beschwatzen oder bedrängen möchte, hilft Ihnen, das benötigte Vertrauen aufzubauen. Immer wenn dieser Kunde plötzlich anfängt, von sich aus zu sprechen oder Fragen zu stellen sowie Informationen preiszugeben, können Sie sicher sein:

Jetzt habe ich es geschafft!

Bei dem schweigsamen Kunden wird dies sicherlich nicht in den ersten Sekunden des Verkaufsgesprächs der Fall sein, sondern in den meisten Fällen ein wenig dauern. Deswegen benötigen Sie in solchen Fällen vor allen Dingen eine Eigenschaft:

Geduld!

Ohne Geduld habe Sie bei diesem Kundentyp keine Chance! Besonders in hektischen Zeiten wie dem Weihnachtsgeschäft ist es nicht immer leicht, diese zu praktizieren. Doch es hilft nichts, an diesen Kunden kommen Sie anders nicht heran.

Wie bereits erwähnt, haben Sie rhetorisch vor allen Dingen eine Möglichkeit, dem schweigsamen Kunden Informationen zu entlocken., nämlich mit W-Fragen. Aber auch hier empfehle ich Ihnen sehr sensibel vorzugehen. Das bedeutet in der Praxis, dass Sie Ihren Kunden nicht mit W-Fragen bombardieren sollten, das würde ihn verschrecken. Setzen Sie diese wohldosiert, und geben Sie dem Kunden Zeit, auf Ihre Fragen zu antworten.

Sprechpausen sind hier ein probates Mittel. Sollte Ihr Kunde nicht gleich antworten, weil er sich seine Antwort in Ruhe überlegen möchte, dann gönnen Sie ihm diese Zeit, und fragen Sie nicht sofort nach. Der Umgang mit Sprechpausen ist für viele Menschen ungewohnt. Bei manchen erzeugt eine Sprechpause deswegen einen regelrechten Druck. Für sie bedeutet dies, dass Sie in allen Ihren Gesprächen, auch in Ihrer privaten Kommunikation, den Umgang mit Sprechpausen üben sollten. Wenn Ihr Partner auf Ihre Frage, wohin es denn heute zum Essen gehen soll, nicht gleich antwortet, schieben Sie nicht sofort die Frage hinterher, zum Italiener oder zum Chinesen. Halten Sie sich einen kurzen Moment zurück und geben Sie Ihrem Gesprächspartner die Zeit, seine Gedanken bzw. seine Überlegungen zu formulieren. Auf diese Art und Weise fällt es Ihnen mit der Zeit immer leichten, eine Sprechpause auch einmal ein paar Sekunden zu halten. Eine Fähigkeit, die Ihnen im Umgang mit schweigsamen Kunden sehr nützlich sein.

Wenn Sie Ihren Job mit einem schweigsamen Kunden gut gemacht haben, dann wird das Ergebnis nicht nur ein erfolgreicher Verkauf, sondern vor allen Dingen ein gesprächiger Kunde sein. Denn in dem Moment, in dem dieser Mensch zu Ihnen Vertrauen aufgebaut hat, wird er nicht nur den körperlichen Abstand verringern, sondern auch beginnen, sich Ihnen gegenüber im Gespräch zu öffnen. Jedes Mal wenn diese Wandlung mit einem Ihrer schweigsamen Kunden vonstattengeht, wissen Sie, dass Sie Ihren Job mehr als gut gemacht haben.

Fassen wir also die Verhaltensregeln bei diesem Kunden noch einmal zusammen:

1. **In der Ruhe liegt die Kraft!**

2. **Geben Sie Ihrem Kunden genügend Raum!**

3. **Sprechen Sie zu Beginn des Verkaufsgesprächs etwas ruhiger und eventuell sogar etwas leiser als sonst.**

4. **Stellen Sie W-Fragen.**

5. **Halten Sie Sprechpausen ein.**

6. **Respektieren Sie die Reaktionen Ihres Kunden.**

Und jetzt dürfen Sie wieder ein bisschen üben!

Formulierung bzw. Verhalten des Kunden:

Ein Kunde kommt in Ihr Geschäft und auf Ihre freundliche Frage, was er denn für einen Wunsch hat, antwortet er nur, dass er einen bestimmten Artikel aus Ihrem Sortiment sehen möchte. Nach mehrmaligem Nachfragen, ob der gezeigte Artikel seinen Vorstellungen entspricht, antwortet er nur mit einem zögerlichen Kopfschütteln. Mehr ist allem Anschein nach, nicht aus ihm herauszuholen.

Weshalb legt dieser Kunde diese Verhaltensweise an den Tag?

Was könnten die Beweggründe für dieses Verhalten sein?

Was möchte dieser Kunde mit seinem Auftreten bezwecken?

Wie könnte bzw. sollte ich reagieren?

Und, haben Sie den fiktiven Kunden zum Sprechen gebracht? Ich denke schon. Mit der Zeit werden Sie sogar richtig Spaß daran haben, wenn Ihnen wieder einmal ein wenig gesprächiger Zeitgenosse über den Weg läuft. Denn jedes Mal, wenn Sie so einen Kunden geknackt haben, können Sie sich wirklich auf die Schulter klopfen.

Meine Gedanken zu diesem Kapitel:

Wie habe ich mich bisher in Situationen mit diesem Kundentyp gefühlt?

Wie möchte ich mich gerne in zukünftigen Situationen fühlen?

Wie habe ich bisher in Situationen mit diesem Kundentyp gedacht?

Wie möchte ich gerne in zukünftigen Situationen denken?

Wie habe ich bisher in Situationen mit diesem Kundentyp gehandelt?

Wie möchte ich gerne in zukünftigen Situationen handeln?

Der Dampfplauderer

„Ja, wissen Sie schon das Neueste, Frau Müller ist nicht mehr mit ihrem Mann zusammen, und Frau Meier hat bereits ihr drittes Kind zur Welt gebracht? Und was ich Ihnen schon lange einmal erzählen wollte: Ich gehe seit neuestem drei Mal die Woche ins Fitnessstudio. Das macht Spaß ohne Ende. Man lernt so viele nette Leute kennen. Manchmal weiß ich gar nicht mehr, wen ich zuerst begrüßen soll, wenn ich ins Studio komme. Übrigens meine Nichte hatte letzte Woche Konfirmation. Das war ein Fest, unglaublich. Bis früh um fünf Uhr haben wir getanzt und getrunken. Zum Schluss saß ich allerdings alleine da und hatte gar niemanden, mit dem ich mich unterhalten konnte. Überhaupt hatte ich fast das Gefühl, dass mir an diesem Abend manche der Verwandten aus dem Weg gingen. Ich kann mir das zwar nicht erklären, aber manchmal habe ich das Gefühl, dass Menschen einen Bogen um mich machen. Und das, obwohl ich doch so ein angenehmer Gesprächspartner bin, der gut zuhören kann und sich sehr für die Belange anderer Menschen interessiert. Wie geht es Ihnen denn überhaupt? Waren Sie schon im Urlaub? Also ich sage Ihnen, wir hatten einen fürchterlichen Urlaub. 14 Tage Regen und ein schreckliches Hotel. Ich schwöre Ihnen, nach Italien fahre ich nie wieder. Übrigens da fällt mir ein, weswegen ich überhaupt hier bin: Ich suche einen Pullover für meinen Mann. Das hätte ich fast vergessen. Aber mit Ihnen kann man sich immer so nett unterhalten."

So oder so ähnlich könnte ein „Gespräch" mit einem „Dampfplauderer" verlaufen, wenn Sie Glück haben. Denn der Monolog könnte im schlimmeren Fall noch einige Minuten so weiterlaufen. Und wenn es ganz übel kommt, geht dieser Kunde sogar aus dem Geschäft, ohne etwas gekauft zu haben. Dafür sehen Sie ihn allerdings dreimal die Woche.

Hat man genügend Zeit und Nerven sind solche Kunden ganz

amüsant und vor allen Dingen unterhaltsam. Da Sie jedoch nicht von der Unterhaltung alleine leben und sicherlich auch noch anderes zu tun haben, als den Zuhörer zu spielen, ist es interessant zu wissen, wie man mit diesen „Dampfplauderern" umgeht.

Stoppt man nämlich ihren Redefluss zu abrupt, könnte es sein, dass man einen Kunden verliert. Lässt man sich allerdings zu sehr auf die Quasselei dieser Zeitgenossen ein, ist es möglich, dass man für andere Kunden keine Zeit mehr hat. Was also tun, ist die Frage?

Generell kann man folgendes zu diesem Kundentyp sagen:

Bringen Sie den „Dampfplauderer" langsam, aber sicher auf den Punkt!

In der Praxis bedeutet dies, dass Sie nach Möglichkeiten suchen, um den eigentlichen Grund des Besuchs in Ihrem Geschäft in den Vordergrund zu stellen. Leichter gesagt als getan, denken Sie jetzt vielleicht. Stimmt, kann ich Ihnen da nur zustimmen. Doch wozu haben wir denn unsere vier Fragen, mit denen wir auch dieser Spezies von Mensch auf den Zahn fühlen können.

Weshalb legt dieser Kunde diese Verhaltensweise an den Tag?

Um diese Frage zu beantworten, müssen wir uns nur bewusst machen, was einen Menschen dazu bewegen könnte, ununterbrochen zu reden. Ein unbewusster Grund, könnte sein, dass sich dieser Mensch ein wenig in den Mittelpunkt stellen möchte. Es wäre aber auch möglich, dass dieser Kunde in seinem sonstigen Leben zu wenig Ansprache hat. Sehr oft finden Sie diese Verhaltensweise bei Menschen, die entweder alleine leben oder zuhause wenig Möglichkeiten zum Reden haben.

Was könnten die Beweggründe für dieses Verhalten sein?

Bei vielen Menschen besteht ganz einfach der Drang, sich mitzuteilen. Bei dem einen ist dieses Bedürfnis mehr, bei dem anderen weniger ausgeprägt. Hat nun ein Mensch seiner Meinung nach zu wenig Möglichkeiten, sich auszutauschen, nutzt er bewusst oder unbewusst jede sich bietende Gelegenheit, sein Bedürfnis zu befriedigen. Oft sind dann Verkäufer in Geschäften das ideale „Opfer".

Sicherlich ist es Ihnen auch schon passiert, dass Sie in einem Lebensmittelgeschäft an einer endlosen Schlange standen und es kaum vorwärts ging. Vorn bei der Kassiererin stand ein Mann oder eine Frau, die in aller Ausführlichkeit die neuesten Ereignisse oder ihr gesamtes Leben ausgebreitet hat. In diesen Fällen war die Kassiererin das ideale Opfer für das Mitteilungsbedürfnis dieser Menschen.

Was möchte dieser Kunde mit seinem Auftreten bezwecken?

Direkt bezwecken möchte dieser Kundentyp meist nur eines:

Er möchte wahrgenommen werden!

Endlich hat er jemanden gefunden, der sich vermeintlich für seine Geschichten interessiert. Im Unterbewusstsein, verbindet der „Dampfplauderer" dieses Interesse mit:

Ich bin jemand!

oder auch: Es ist wichtig, was ich zu sagen habe!

Wie könnte bzw. sollte ich reagieren?

Die Antwort in all diesen Fällen lautet:

Nehmen Sie diesen Kunden wichtig!

„Oh Gott", werden Sie vielleicht jetzt denken, „ dann werde ich diesen Menschen ja überhaupt nicht mehr los!" Sie sollen ihn ja auch nicht loswerden. Denn Ihr Hauptziel ist, ihm etwas zu verkaufen. Und dazu müssen Sie auf folgende Frage eine Antwort finden: Wie schaffen Sie es, den Redeschwall elegant zu unterbrechen, um auf den eigentlichen Grund des Besuchs hinzuarbeiten? Und damit Ihnen das so schnell wie möglich gelingt, sollten Sie diesem Kunden die Beachtung schenken, die er allem Anschein nach dringend benötigt. .

Denn: Je weniger der „Dampfplauderer" das Gefühl hat, dass man sich für ihn interessiert, desto mehr Energie wird er oder sie in seinen Redefluss stecken. Also lassen Sie es in Zukunft gar nicht mehr so weit kommen, indem Sie signalisieren, dass Sie großes Interesse an seiner Person und seinen Geschichten haben. Am glaubwürdigsten gelingt Ihnen das, wenn Sie sich tatsächlich für andere Menschen interessieren. Das aber setze ich bei jemandem, der im Verkauf tätig ist, voraus. Ansonsten wäre er in diesem Beruf doch ziemlich fehl am Platze.

Interesse signalisieren Sie entweder durch Ihre Körpersprache oder natürlich durch Ihre verbalen Interessensbekundungen. Körpersprachlich genügt oftmals ein Kopfnicken. Verbal reicht dem „Dampfplauderer" schon „Mmh" oder auch ein „interessant". In diesen Fällen sollten Sie möglichst wenig W-Fragen, also Informationsfragen, stellen. Höchstens am Anfang des Gesprächs mit einem „Dampfplauderer" können Sie dieses rhetorische Mittel einsetzen. Denn wie Sie bereits wissen, regen diese Informationsfragen zum Informieren und Reden an. Während dies beim schweigsamen Kunden unser Ziel gewesen ist, ist dieser Anreiz beim „Dampfplauderer" mit Sicherheit nicht nötig.

Achtung:

Dieser Tipp gilt nur für den „Dampfplauderer".

Bei allen anderen Kontakten, bei denen Sie wirkliches Interesse signalisieren möchten, kommen Sie um die Informationsfragen nicht herum.

Beim „Dampfplauderer" müssen wir uns eines anderen rhetorischen Mittels bedienen, und zwar den sogenannten geschlossenen Fragen. Ansonsten kommen wir bei dieser Spezies Mensch überhaupt nicht zu Potte! Eine geschlossene Frage ist eine Frage, die der Gesprächspartner entweder mit „Ja" oder mit „Nein" beantworten kann. Anstatt zu fragen: „Wie hat es Ihnen denn im Urlaub gefallen?", sollten Sie lieber folgende Frage stellen: „Hat es Ihnen im Urlaub gefallen?" Ein Mensch, der gerne spricht, wird jetzt noch nicht unbedingt seinen Redefluss stoppen und nur mit „Ja" oder mit „Nein" antworten. Wahrscheinlich wird er Ihnen mit großer Begeisterung vom Meer, den netten Urlaubsbekanntschaften oder den wunderbaren Sehenswürdigkeiten berichten. Das ist erst einmal auch gar nicht so schlimm. Das wird es erst, wenn diese Urlaubsgeschichten Ihre ganze Zeit in Anspruch nehmen und Ihre eigentliche Tätigkeit in den Hintergrund tritt.

Um das zu vermeiden, nutzen Sie jede Atem- bzw. Sprechpause Ihres Kunden, um die nächste geschlossene Frage zu stellen. Und Sie werden sehen, wie durch ein Wunder stoppen Sie den Redefluss Ihres Gegenübers.

Im Seminar machen wir dazu eine interessante Übung: Der eine Gesprächspartner fängt an irgendeine Geschichte zu erzählen und sein Gegenüber stellt beim ersten Durchgang ausschließlich offene Fragen. Nach kurzer Zeit entwickelt sich stets ein sehr lebhaftes Gespräch. Beim zweiten Durchgang dürfen nur noch geschlossene Fragen gestellt werden. Nach ganz kurzer Zeit wird es im Raum sehr still und nur noch vereinzelt hört man ein paar Seminarteilnehmer, kurze Sätze von sich geben. Mit dieser kleinen Übung möchte ich meinen Teilnehmern zeigen, welche Auswirkungen der Einsatz von offenen und geschlossenen Fragen in der Gesprächsführung hat.

Doch zurück zum „Dampfplauderer": Haben Sie den Redefluss des Kunden ein wenig eingedämmt, nutzen Sie die Chance, um geschickt auf den Kaufwunsch des Kunden überzuleiten bzw. auf Ihr Angebot aufmerksam zu machen. Beispielsweise eignet sich folgende Formulierung für diese Vorgehensweise: „Um auf Ihren Kaufwunsch zurückzukommen,........." . Sicherlich fallen Ihnen noch andere elegante Überleitungen ein.

Sollte der Kunde ab und zu wieder einmal abschweifen, wissen Sie nun, wie Sie diesen erneuten Ansatz des Redeflusses stoppen können. Setzen Sie am besten wieder einige geschlossene Fragen ein, um so schnell wie möglich auf Ihre Präsentation überzuleiten. In manchen Fällen werden Sie das häufiger tun müssen, um zu Ihrem Ziel zu gelangen. Doch Sie werden sehen: Es funktioniert!

Fassen wir also die Verhaltensregeln noch einmal zusammen:

1. **Zeigen Sie wirkliches Interesse.**

2. **Verwenden Sie geschlossene Fragen.**

3. **Leiten Sie immer wieder geschickt auf Ihre Präsentation über!**

Damit Sie sich schon ein wenig auf den nächsten „Dampfplauderer" vorbereiten können, nutzen Sie die folgende Checkliste für Ihr ganz persönliches „Dampfplauderertraining"!

Formulierung bzw. Verhalten des Kunden:

Seit 15 Minuten erzählt Ihnen Ihr Kunde ausführlich von seinem neuen Hobby, dem Golfen. In aller Ausführlichkeit schildert er Ihnen seine ersten Trainingstunden, seine ersten Erfolge beim Abschlag, erzählt Ihnen von Handicaps und Platzreife.

Weshalb legt dieser Kunde diese Verhaltensweise an den Tag?

Was könnten die Beweggründe für dieses Verhalten sein?

Was möchte dieser Kunde mit seinem Auftreten bezwecken?

Wie könnte bzw. sollte ich reagieren?

Und sind Ihnen einige geschlossene Fragen eingefallen? Für dieses Golferbeispiel wären beispielsweise geeignet: „Ist Ihr Pro (Trainer) auch zufrieden mit Ihren Ergebnissen? Spielen Sie an jedem Wochenende? Haben Sie schon Ihre Platzreife?" Ich bin sicher, dass Ihnen noch mehr in den Sinn gekommen ist. Wenn Sie Lust und Zeit haben, können Sie sich auch für andere Themen einige geschlossene Fragen bereitlegen. Denn oft wiederholen sich die Geschichten von Dampfplauderern. Geschichten von Familienfeiern, Hobbys, Urlaubserlebnissen, Enkeln bzw. Kindern sind beliebte Gesprächsgegenstände. Da ist es durchaus hilfreich, einige geschlossene Fragen im Kopf zu haben.

Meine Gedanken zu diesem Kapitel:

Wie habe ich mich bisher in Situationen mit diesem Kundentyp gefühlt?

Wie möchte ich mich gerne in zukünftigen Situationen fühlen?

Wie habe ich bisher in Situationen mit diesem Kundentyp gedacht?

Wie möchte ich gerne in zukünftigen Situationen denken?

Wie habe ich bisher in Situationen mit diesem Kundentyp gehandelt?

Wie möchte ich gerne in zukünftigen Situationen handeln?

Der Rechthaber

„Das überlassen Sie bitteschön mir. Ich kenne mich da sehr gut aus und kann Ihnen genau sagen, was für mich gut und weniger gut ist. Von Verkäufern lasse ich mir wirklich nichts sagen. Die haben ja doch keine Ahnung und wollen einem immer nur etwas aufschwatzen. Mit mir können Sie so etwas nicht machen. Ich habe alle Testberichte über Bohrmaschinen gelesen und weiß genau, welches Modell, wie abgeschnitten hat. Dieses Modell, das Sie mir zum Beispiel gerade zeigen, war bei den Profimaschinen auf dem letzten Platz. Auch wenn ich Ihnen gesagt habe, dass ich nur ab und zu eine Bohrmaschine benutze, brauchen Sie mir nicht gleich das Modell zeigen, das Sie vielleicht loswerden wollen, junger Mann. Wahrscheinlich steckt da für Sie eine satte Provision drin. Aber nicht mit mir. Ich kenne die Bezahlungssysteme im Einzelhandel und weiß genau, wie Sie Ihr Geld verdienen. Zeigen Sie mir doch bitte dieses Modell. Das ist genau die Richtige. Nicht ganz billig, aber Platz 1 in allen Tests der Stiftung Warentest."

Ein toller Kunde, oder was meinen Sie? Stehen Ihnen schon die Haare zu Berge oder müssen Sie eher ein wenig schmunzeln? Ich hoffe Sie schmunzeln. Denn ganz so schlimm, wie er sich anhört, ist dieser Kunde dann doch wieder nicht. Sicher, auf den ersten Blick, könnte man schon zusammenzucken, wenn einem so ein Zeitgenosse über den Weg läuft. Man könnte diese rechthaberischen Kunden aber auch positiv betrachten. Er kennt sich wenigstens aus. Sicherlich fällt diese Betrachtungsweise im ersten Augenblick ein wenig schwer. Doch wie Sie sicherlich schon erkannt haben, ist es sehr hilfreich, die einzelnen Kundentypen durch eine positiv gefärbte Brille zu sehen. Allein diese Haltung wird Ihnen den Umgang mit den so genannten Problemkunden beträchtlich erleichtern.

Schauen wir uns doch einmal an, was es an dem Rechthaber

Positives zu entdecken gilt. Zum einen ist seine Ehrlichkeit ein Vorteil für Sie. Bei diesem Kundentyp wissen Sie genau, woran Sie sind, denn er nimmt kein Blatt vor den Mund. Das ist zwar im ersten Augenblick nicht sehr angenehm, doch auf den zweiten Blick ausgesprochen nützlich.

Sicherlich kennen Sie Kunden, die Ihnen nicht so leicht verraten, was in ihnen vorgeht. Bei diesen Kunden ist es oftmals sehr schwer, einen erfolgreichen Abschluss zu tätigen. Ist diesem Kunden zum Beispiel ein Artikel zu teuer, werden Sie das nie erfahren. Ein Gespräch wird dann beispielsweise mit Floskeln wie „Ich muss es mir noch einmal überlegen" beendet oder mit „Ich muss erst noch meinen Mann fragen." Diese Aussagen klingen zwar sehr nett, sind aber leider in einigen Fällen nur Vorwände, um sich geschickt aus dem Verkaufsgespräch zu verabschieden.

Diese Art der „Verschleierungstaktik" passiert Ihnen mit den Rechthabern nicht. Die sagen Ihnen sofort, ob Ihnen ein Artikel zu teuer oder zu billig ist. Das klingt bei den Rechthabern nicht immer nett, manche ihrer Aussagen könnte man sogar persönlich nehmen. Aber wie gesagt, das wäre die negative Sichtweise. Und wie Sie vielleicht wissen, ist nicht nur im Verkauf, sondern im gesamten Leben die positive Sichtweise die bedeutend angenehmere und Erfolg versprechendere. Schauen wir uns den „Rechthaber" nun mit Hilfe unserer Erfolgsfragen einmal näher an.

Weshalb legt dieser Kunde diese Verhaltensweise an den Tag?

Auch dieser Kunde möchte sich letztendlich nur schützen. Er hat in den meisten Fällen Angst, dass er von Verkäufern schlecht oder falsch beraten wird. Damit ihm das nicht passiert, dokumentiert er gleich von Anfang an, wer der Herr im Hause ist.

Was könnten die Beweggründe für dieses Verhalten sein?

In vielen Fällen basiert das Verhalten der „Rechthaber" auf schlechten Erfahrungen in der Vergangenheit. Eventuell ist dieser Kunde schon des Öfteren falsch beraten worden oder hatte zumindest das Gefühl, falsch beraten worden zu sein. Der wahrscheinlichste Beweggrund ist allerdings, das eine generelle Skepsis zu den grundlegenden Eigenschaften dieses Menschen gehört, die ihn in allen Lebensbereichen begleitet. Es gibt einfach Menschen, die allem und jedem skeptisch gegenüber stehen.

Was möchte dieser Kunde mit seinem Auftreten bezwecken?

Ganz klar, der „Rechthaber" möchte bezwecken, dass er auf keinen Fall irgendetwas „aufgeschwatzt" bekommt. Außerdem ist es ihm wichtig, ernst genommen zu werden, und er möchte zudem seine Kompetenz nach außen dokumentieren.

Wie könnte bzw. sollte ich reagieren?

Die Antwort ist relativ einfach:

Geben Sie diesem Kunden erst einmal Recht!

Das ist die einzige Methode, um mit dem „Rechthaber" zurechtzukommen und beste Voraussetzung dafür, ihn zu einem späteren Zeitpunkt doch noch zu überzeugen. Denn dieser Kunde benötigt vor allen Dingen ein Gefühl und dieses Gefühl ist:

Anerkennung!

Anerkennung, die nicht so sehr auf seine äußeren Attribute bezogen ist, sondern sich in erster Linie auf seine Kompetenz und seine Aussagen richtet. Einen anderen Weg werden Sie bei diesem Kundentyp nicht einschlagen können.

Hat dieser Kunde nämlich nur den leisesten Zweifel an Ihrer Akzeptanz seiner Meinung bzw. seiner Äußerungen, haben Sie absolut keine Chance, diesem Menschen auch nur eine Stecknadel zu verkaufen. Wenn das Unterbewusstsein dieses Kunden das Gefühl bekommt, es wird von dem jeweiligen Gesprächspartner nicht ernst genommen, dann schaltet das Unterbewusstsein sofort auf stur. Und das bekommen Sie dann als Verkäufer mehr als deutlich zu spüren. Also geben Sie sich erst gar nicht der Illusion hin, dass Sie diesem Kunden mit Ihrem Fachwissen am Anfang des Gespräches irgendwie beikommen können.

Im Klartext heißt das sogar, dass Sie diesem Kunden, selbst wenn er „Blödsinn" verzapft, zumindest das Gefühl geben müssen, dass Sie seine Meinung akzeptieren. Erst wenn es Ihnen gelungen ist, dem „Rechthaber" zu signalisieren, dass Sie seinen Standpunkt respektieren, haben Sie eine Chance ihn eines Besseren zu belehren.

Respektieren

ist sowieso das Zauberwort bei diesem Kunden. Er genießt es förmlich, wenn er spürt, dass Sie seine Überzeugungen respektieren. Und wenn ein Mensch etwas genießt, dann öffnet er sich praktisch unweigerlich. Und das ist schließlich das Ziel, auch bei diesem Kunden.

Sie müssen ihn, wie alle anderen Kunden, erst einmal öffnen. Richtet der „Rechthaber" durch Ihr Verhalten seine Aufmerksamkeit erst einmal auf Sie, dann werden Sie erleben, dass auch dieser

Kunde plötzlich Vertrauen zu Ihnen aufbaut. Den Zeitpunkt des Vertrauensaufbaus erkennen Sie daran, dass er entweder bestätigend zuhört oder Sie sogar nach Ihrer Meinung fragt. Solange dies nicht der Fall ist, dürfen Sie sich noch ein wenig Zeit gönnen, um mit Ihrer Bestätigungsstrategie fortzufahren.

Folgende Sätze sind hierbei beispielsweise hilfreich:

„Da liegen Sie mit Ihrer Meinung genau richtig. Ich finde es sehr gut, dass Sie sich schon so gut informiert haben. Bei Ihnen erkennt man gleich, dass Sie sich sehr gut auskennen."

Auch wenn es Ihnen schwer fällt einem „Rechthaber" gegenüber, solche Sätze zu benutzen, Sie haben keine andere Chance, an diesen Kunden ranzukommen.

Ist es Ihnen dann gelungen, diesen Kunden auf Ihre Seite zu ziehen, und hat er erst mal Vertrauen zu Ihnen aufgebaut, dürfen Sie ihm auf keinen Fall belehrend gegenübertreten. Obwohl Sie bei diesem Kunden mit Ihrem Fachwissen und Ihrer Kompetenz die entscheidenden Vertrauenspunkte erzielen, würden Sie mit belehrenden Argumenten die Vertrauensbasis wieder zerstören. Hierzu eignen sich beispielsweise folgende Einleitungen:

„Wie Sie sicherlich schon wissen........! Ihnen als Profi bzw. als Kenner der Szene ist das bestimmt schon klar........!"

Wenn Sie diese beiden Strategien beherrschen, dann passiert mit großer Sicherheit folgendes: Sie haben einen neuen Stammkunden gewonnen. Und Sie können sicher sein, dass dieser neue Stammkunde für Sie überall Werbung machen wird. Sollte nämlich in seinem Bekanntenkreis irgendjemand nicht bei Ihnen einkaufen und ein anderes Unternehmen bevorzugen, wird der „Rechthaber" mit Vehemenz für Sie und Ihr Geschäft in die Bresche springen.

Für den Umgang mit den „Rechthabern" ist demnach folgendes wichtig:

1. Signalisieren Sie diesem Kunden: „Du hast Recht!"

2. Argumentieren Sie kompetent!

3. Treten Sie nicht belehrend auf!

Und damit Sie auf den nächsten „Rechthaber" auch professionell vorbereitet sind, dürfen Sie jetzt schon ein wenig üben.

Formulierung bzw. Verhalten des Kunden:

„Passen Sie einmal auf, guter Mann. Bevor Sie mir etwas aus Ihrem Sortiment zeigen, möchte ich gleich einmal betonen, dass ich mich mit Ihrem Sortiment besser auskenne als irgendein anderer. Also geben Sie sich erst gar keine Mühe mir irgendeinen Schund anzudrehen, sondern zeigen Sie mir bitte gleich das optimale Gerät für meinen Zweck!"

Weshalb legt dieser Kunde diese Verhaltensweise an den Tag?

Was könnten die Beweggründe für dieses Verhalten sein?

Was möchte dieser Kunde mit seinem Auftreten bezwecken?

Wie könnte bzw. sollte ich reagieren?

Und konnten Sie den Kunden besänftigen? Jedes Mal, wenn Sie diese Checkliste durchgehen, werden Sie automatisch ein Stück fitter im Umgang mit den jeweiligen Kunden. Ist man sich der Beweggründe der Kunden erst einmal bewusst, fällt es einem bedeutend leichter, zum einen Verständnis aufzubringen und zum anderen entsprechend auf die jeweiligen Verhaltensweisen zu reagieren.

Meine Gedanken zu diesem Kapitel:

Wie habe ich mich bisher in Situationen mit diesem Kundentyp gefühlt?

Wie möchte ich mich gerne in zukünftigen Situationen fühlen?

Wie habe ich bisher in Situationen mit diesem Kundentyp gedacht?

Wie möchte ich gerne in zukünftigen Situationen denken?

Wie habe ich bisher in Situationen mit diesem Kundentyp gehandelt?

Wie möchte ich gerne in zukünftigen Situationen handeln?

Der Kumpelhafte

„Na, alles klar bei euch? Ich wollte mich einmal nach einem Anzug bei euch umschauen. Habt ihr auch etwas Gescheites da in eurem Laden? Mensch, ist das ´ne neue Kollegin von dir, die dahinten steht? Die sieht ja echt super aus. Könntest mich ihr mal vorstellen. Nichts für ungut. War nur ein kleiner Scherz. Na, lasst mal sehen, was ihr Schönes zu bieten habt. ", *begrüßt Sie der Kunde Schulter klopfend.*

Schön ist es bei diesem Kunden, wenn man keine Berührungsängste hat. Denn der „Kumpelhafte" ist oftmals gleich „per du" mit der gesamten Verkaufsmannschaft, klopft unablässig jedem auf die Schulter oder berührt sein Gegenüber am Arm. Sollten Sie allerdings welche haben, dann kann dieser Kundentyp durchaus unangenehm auf Sie wirken. So nett der oder auch die „Kumpelhafte" erscheinen, so anstrengend können sich diese Kunden während des Verkaufsgesprächs erweisen.

Die Frage bei diesem Kundentyp lautet:

Wie kann ich die erforderliche Distanz für ein vernünftiges Verkaufsgespräch herstellen, ohne diesen Kundentyp vor den Kopf zu stoßen?

Normalerweise ist eine vertrauensvolle Basis zwischen Verkäufer und Kunde die ideale Voraussetzung für ein erfolgreiches Verkaufsgespräch. Doch wenn das Ganze ins Kumpelhafte abgleitet, kann es schon schwierig werden, noch zu einem vernünftigen Ergebnis, nämlich dem Verkauf, zu kommen. Die Schwierigkeiten können ähnlich wie bei dem „Dampfplauderer" sein. Man redet und redet und kommt gar nicht zum eigentlichen Verkaufsgespräch. Zudem muss man die ganze Zeit aufpassen, dass einen der „Kumpelhafte" nicht zu nahe auf den Leib rückt. Also kann es passieren, dass man mehr mit einer Verteidigungsstrategie beschäftigt ist als mit dem Verkaufsgespräch. Damit Sie in Zukunft auch mit diesem speziellen Kundentyp hervorragend zurechtkommen, schauen wir uns den Kumpelhaften einmal etwas genauer an.

Weshalb legt dieser Kunde diese Verhaltensweise an den Tag?

Die Antwort ist ganz einfach:
Dieser Kunde sucht überall Freunde!

Egal, wo dieser Mensch auftaucht, am liebsten würde er gleich jeden umarmen und in sein Herz schließen. Alles in allem sind diese Kunden sehr gesellige Menschen, mit denen man im Normalfall sehr gut auskommen kann.

Was könnten die Beweggründe für dieses Verhalten sein?

Auch hier ist die Antwort relativ einfach:
Das Gefühl, zu wenig Freunde zu haben!

Das Lustige an diesen Menschen ist, dass Sie im Vergleich zum Durchschnitt aller Menschen jede Menge Freunde haben. Doch sie selbst lechzen – meist unbewusst – nach noch mehr freundschaftlichen Kontakten.

Was möchte dieser Kunde mit seinem Auftreten bezwecken?

Zum einen sicherlich ein wenig Aufmerksamkeit, zum anderen wittert er die Möglichkeit, neue Kontakte herzustellen. Das Thema Aufmerksamkeit steht bei diesem Kunden zwar nicht unbedingt im Vordergrund, ist aber in vielen Fällen ein unbewusster Wunsch, der ebenfalls eine Rolle für das kumpelhafte Verhalten spielt. Das Herstellen von freundschaftlichen Kontakten ist hingegen ein sehr wichtiger Beweggrund für das Verhalten dieses Kundentyps.

Wie könnte bzw. sollte ich reagieren?

Am besten werden Sie zum besten Freund dieses Kunden. Das wäre tatsächlich die beste Strategie, um mit diesem Menschen optimale Umsätze zu tätigen. Da wir aber nicht zu jedem Kunden ein enges Freundschaftsverhältnis aufbauen wollen (und können), müssen wir uns nach einer anderen Strategie umsehen.

Zu allererst versuchen Sie diesem Kunden gegenüber eine sehr herzliche Atmosphäre aufzubauen. Allerdings sollten Sie darauf achten, dass Sie dennoch eine gewisse Distanz wahren. Diese Vorgehensweise gleicht in gewisser Hinsicht einem Drahtseilakt. Herzlich sein und dennoch Distanz wahren, wie geht denn das?

Das Thema Herzlichkeit sollten Sie generell bei jedem Kunden erfüllen. In all meinen Seminaren und anderen Büchern stelle ich immer wieder das Thema Herzlichkeit besonders heraus. Ich betone stets, dass Freundlichkeit alleine nicht genügt, sondern für die Begeisterung der Kunden mindestens Herzlichkeit vonnöten ist. Den Unterschied zwischen Freundlichkeit und Herzlichkeit können Sie beispielsweise in den verschiedenen Robinson Clubs erleben oder auch in weiten Teilen der österreichischen Hotellerie. Das Schöne an diesen Beispielen ist, dass sowohl in den genannten Clubs als auch in den Hotels Österreich trotz mancher Konjunkturflauten meist überdurchschnittliche Erfolge erzielt werden.

Doch zurück zu unserem „kumpelhaften" Kunden. Distanz können Sie vor allen Dingen mit Hilfe Ihres Körpers wahren. Denn trotz Ihres herzlichen Lächelns können Sie auf einen gewissen Abstand zu ihm achten. Ab und zu werden Sie sicherlich wieder einen Schritt zurück oder auch zur Seite gehen müssen, doch irgendwann wird auch der „Kumpelhafte" aufhören, Ihnen zu nahe auf die Pelle zu rücken. Auch hier bedarf es ein wenig Geduld. Sprachlich sollten Sie darauf achten, dass Sie nicht auch in die Du-Form verfallen, weil sonst vielleicht weitere Hemmschwellen bei diesem Menschen fallen. Ausnahme für diese Regeln sind sicherlich Geschäfte mit der jungen Zielgruppe.

Bei diesem Thema möchte ich jedoch darauf hinweisen, dass es durchaus Verkäufer oder auch Verkäuferinnen gibt, die überhaupt kein Problem damit haben, mit diesem Kundentyp klarzukommen. Meist sind das Mitarbeiter, die selbst von Natur aus einen sehr persönlichen Verkaufsstil haben. Diesen Kollegen möchte ich ihre bisherige Erfolgsstrategie auf keinen Fall ausreden. Wenn Sie keine Berührungsängste haben und sich problemlos auf den kumpelhaften Kunden einstellen können, dann kann ich nur sagen: Nutzen Sie diese Fähigkeit weiter!

Mit Hilfe der folgenden Checkliste werden Sie bestimmt selbst erkennen, welcher Verkäufertyp Sie persönlich sind und mit welcher Strategie Sie am besten zurechtkommen.

Formulierung bzw. Verhalten des Kunden:

Ihr Kunde steht ca. 15 Zentimeter vor Ihnen und begrüßt Sie mit folgenden Worten: „Einen super Laden habt ihr hier. Wirklich eine klasse Atmosphäre. Meinst du ihr habt auch etwas für einen jung gebliebenen Typen wie mich in eurem Sortiment?" Bei diesen Worten fasst Sie der Kunde zudem freundschaftlich an den Unterarm.

Weshalb legt dieser Kunde diese Verhaltensweise an den Tag?

Was könnten die Beweggründe für dieses Verhalten sein?

Was möchte dieser Kunde mit seinem Auftreten bezwecken?

Wie könnte bzw. sollte ich reagieren?

Ehrlich gesagt, bin ich schon richtig gespannt auf Ihre Bearbeitung dieses Falls. In meinen Seminaren kommen bei diesem Thema die unterschiedlichsten und zum Teil witzigsten Lösungsmöglichkeiten heraus. Vielleicht haben Sie ja Lust, mir einmal Ihre persönliche Vorgehensweise mit dem „Kumpelhaften" zu senden. Meine Adresse finden Sie auf jeden Fall am Ende des Buchs.

Meine Gedanken zu diesem Kapitel:

Wie habe ich mich bisher in Situationen mit diesem Kundentyp gefühlt?

Wie möchte ich mich gerne in zukünftigen Situationen fühlen?

Wie habe ich bisher in Situationen mit diesem Kundentyp gedacht?

Wie möchte ich gerne in zukünftigen Situationen denken?

Wie habe ich bisher in Situationen mit diesem Kundentyp gehandelt?

Wie möchte ich gerne in zukünftigen Situationen handeln?

Der Angetrunkene

„Halli, hallöchen, na wie geht´s junge Frau? Hicks, oh ich glaube ich habe ein bisschen viel getrunken. Aber macht nichts. Haben Sie einen Stuhl für mich? Ich suche äh dringend ein neues Fahrrad. Meinen alten Drahtesel habe ich irgendwo stehen lassen und kann ihn nicht mehr finden." Torkelnd zwängt sich der Kunde durch die angebotenen Fahrräder und wirft dabei gleich zwei um, an denen er sich festhalten wollte.

Ein guter Start in den Alltag oder was meinen Sie? Die entscheidende Frage ist nun, wie verhält man sich in solchen Fällen? Wirft man den Kunden gleich hinaus, oder was kann man sonst tun?

Zunächst müssen wir wahrscheinlich erst einmal herausfinden, wie betrunken der Kunde überhaupt ist, und ob er noch einigermaßen Herr seiner Sinne ist. Möchte er wirklich etwas kaufen oder möchte er sich nur aufwärmen, das ist sicherlich auch eine entscheidende Frage. Sie sehen eine globale Strategie lässt sich auch hier nicht anwenden. Ist der Kunde nämlich nur in einem angeheiterten Zustand, kann es sein, dass er durchaus ernsthafte Kaufabsichten hat.

Diese Kunden kommen zum Beispiel, wenn in den Fußgängerzonen Straßen- oder Weinfeste stattfinden. Es kann natürlich auch sein, dass ein Kunde beim Mittagessen etwas zu tief ins Glas geschaut hat. Solange sich diese Kunden nicht extrem auffällig verhalten und nicht ausfällig werden, können Sie mit ihnen sehr wahrscheinlich ein ganz normales Verkaufsgespräch führen. Und in den meisten Fällen werden diese sogar in einer sehr lockeren und humorvollen Atmosphäre stattfinden. Betrachten wir diesen Kundentyp in diesem Kapitel einmal eingehender.

Den stark angetrunkenen Kunden, der sich voll und ganz

daneben benimmt, brauchen wir dabei nicht zu berücksichtigen. Außer dass es bei diesem Kunden wichtig ist, wie sie ihn so schnell wie möglich aus dem Geschäft komplementieren. Hier gibt es mindestens zwei Ausgangssituationen: Der eine Kunde ist vielleicht tatsächlich auf Ihre Hilfe angewiesen, während der andere sich noch selbst helfen kann.

Beim ersten Kundentyp appelliere ich an Ihr Mitgefühl. Das bedeutet, dass Sie entweder ein Taxi bestellen oder eine anderweitige Möglichkeit finden, damit der Angetrunkene heil und gesund nach Hause kommt. Das bedarf sicherlich manchmal einiger Überredungskünste, doch letztendlich ist dies eine Hilfestellung, die wir in ähnlichen Situationen selbst gerne in Anspruch nehmen würden.

Erst vor kurzem ist mir so ein Zeitgenosse nach einem Seminar in Norddeutschland über den Weg gelaufen. Dieser Mann konnte kaum noch auf den eigenen Beinen stehen und torkelte durch die Straßen der Innenstadt. Mein Kunde, der mich begleitete und ich brauchten einige Zeit, um diesen Mann zu überreden, in das von uns bestellte Taxi zu steigen. Aber am Ende war der angetrunkene Passant doch offensichtlich froh, von uns in das Taxi verfrachtet worden zu sein.

Pöbelt bzw. randaliert ein sehr stark angetrunkener Kunde in Ihrem Geschäft, dann sollten Sie natürlich von Ihrem Hausrecht Gebrauch machen, um diesen Zeitgenossen so schnell wie möglich aus Ihrem Geschäft herauszubugsieren. Sind alle Überredungskünste erschöpft, dann kann es unumgänglich sein, die Polizei einzuschalten. In extremen Fällen sollten Sie auch vor dieser Maßnahme nicht zurückschrecken. Beißen Sie lieber in diesen sauren Apfel als sich durch einen angetrunkenen Zeitgenossen die anwesenden Kunden vertreiben und Ihrem Geschäft einen Imageschaden zufügen zu lassen.

Wenden wir uns nun aber nun dem obengenannten, leicht angeheiterten Kunden zu. Auch im Umgang mit ihm helfen uns die Erfolgsfragen:

Weshalb legt dieser Kunde diese Verhaltensweise an den Tag?

Nun gut, da gibt es natürlich eine Menge an Möglichkeiten. Doch egal, welchen Beweggrund Sie in Betracht ziehen, vor allem muss man sich in allen Fällen von Trunkenheit bewusst machen, dass der oder auch die Angetrunkene nicht Herr bzw. Frau seiner/ihrer Sinne ist.

Was könnten die Beweggründe für dieses Verhalten sein?

Auch bei dieser Frage brauchen wir uns nicht lange aufhalten, denn die tatsächlichen Ursachen sind diesem Kunden meist selbst nicht bewusst. Einsamkeit, Traurigkeit oder auch ganz einfach nur gute Laune können Gründe sein, die uns Menschen ab und an zu tief ins Glas schauen lassen.

Was möchte dieser Kunde mit seinem Auftreten bezwecken?

Der leicht angetrunkene Kunde möchte sicherlich neben dem bestehenden Kaufwunsch, vor allen Dingen eines: Ein angenehmes und meist humorvolles, wenn nicht sogar lustiges Einkaufserlebnis. Und wenn Sie dazu in der Lage sind, sich auf den Kunden einzustellen, dann versichere ich Ihnen, dass auch Sie durchaus Spaß mit diesem Kunden haben können.

Wie könnte bzw. sollte ich reagieren?

Vor allem entspannt! Die extremen Fälle haben wir ja schon eingangs in diesem Kapitel bearbeitet, so dass wir uns um die keine

Gedanken mehr machen müssen. Entspannt bedeutet, dass Sie diesen Kunden vor allen Dingen mit Gelassenheit und Toleranz begegnen. Das Schlimmste, was Sie für Ihr Innenleben tun können ist, dass Sie die „Angetrunkenen" verurteilen. Lassen Sie sich nämlich zu dieser Sichtweise hinreißen, dann fehlt Ihnen mit Sicherheit die nötige Lockerheit, um mit diesen Kunden ein erfolgreiches Verkaufsgespräch zu führen. Damit Ihnen das gelingt, brauchen Sie sich nur eigene Situationen in Erinnerung zu rufen, in denen Sie ein bisschen tief ins Glas geschaut haben. Meist vergessen wir im Umgang mit den Macken anderer Menschen, dass wir auch selbst schon genau die gleichen Verhaltensweisen an den Tag gelegt haben. Und bei aller Liebe, ab und zu ein Gläschen zu viel schadet ja auch nicht. Diese Feststellung gilt natürlich nur für die Fälle, wenn der Alkoholkonsum sich in Maßen bewegt bzw. keine Alkoholkrankheit vorliegt!

Haben Sie erst einmal diese innere Gelassenheit gefunden, ist es wichtig, sich voll und ganz auf den angetrunkenen Kunden einzustellen. Ähnlich wie bei dem „Kumpelhaften" kann auch diese Anforderung an Sie einem Spagat auf dem Drahtseil ähneln. Denn auf der einen Seite sollen Sie sich locker verhalten und auf der anderen Seite doch eine gewisse Distanz bewahren.

Schon mancher Verkäufer hat einen leicht angetrunkenen oder sogar Stammkunden verloren, nur weil er die Grenze der angebrachten Distanz über- bzw. unterschritten hat. Ein unbedachtes Du oder ein etwas zu vorlautes Wort, in der Annahme, dass der Kunde dies in seinem Zustand nicht wirklich wahrnimmt, hat schon so manche Kunde-Verkäufer-Beziehung entzweit. Also hüten Sie sich vor zu vorlauten Bemerkungen oder zu vertrauten Äußerungen nur weil der Kunde angeheitert ist.

Auf der anderen Seite ist eine aufgelockerte Sprechweise natürlich angebracht, wenn Ihnen der Kunde in seinem angeheiterten Zustand signalisiert, dass Sie diese an den Tag legen können. Es gibt allerdings auch angetrunkene Kunden, die trotz ihres Zustands auf eine normale Distanz Wert legen. Doch ich bin mir sicher, dass Sie aufgrund Ihrer Erfahrung und Ihrer Menschenkenntnis diesen Unterschied sogleich bemerken werden und sich darauf einstellen.

Ansonsten präsentieren Sie Ihr Angebot mit der gleichen Begeisterung wie sonst. Achten Sie einfach darauf, dass Ihnen das Gespräch nicht entgleitet und nutzen Sie eventuell wie beim „Dampfplauderer" die geschlossenen Fragen, wenn der angeheiterte Kunde anfängt, von diesem und jenem ausführlich zu erzählen.

Sie werden sehen, dass mit diesen Tipps die Verkaufsgespräche mit diesem Kundentyp sowohl erfolgreich als auch mit viel Spaß vonstattengehen. Ich gebe zu, dass dies manchmal so anstrengend sein kann, dass man selbst ein Schlückchen zur Entspannung gebrauchen könnte. Diesen Wunsch heben Sie sich dann doch besser für den Feierabend auf. Sollten Sie dieses Buch gerade zuhause lesen, dann können Sie sich ja beim Ausfüllen der nun folgenden Checkliste ein Gläschen gönnen.

Formulierung bzw. Verhalten des Kunden:

Gutgelaunt betritt der Kunde mit folgenden Worten Ihr Geschäft: „Einen wunderschönen guten Tag! Ich bin heute richtig gut drauf und da wollte ich mich jetzt in aller Ruhe nach ein paar Joggingschuhen umsehen. Doch bevor wir zur Tat schreiten: Haben Sie wieder den leckeren Prosecco vom letzten Mal für mich da?"

Weshalb legt dieser Kunde diese Verhaltensweise an den Tag?

Was könnten die Beweggründe für dieses Verhalten sein?

Was möchte dieser Kunde mit seinem Auftreten bezwecken?

Wie könnte bzw. sollte ich reagieren?

Und haben Sie eine nette und lustige Lösung gefunden? Oder sind Sie noch am Grübeln, was Sie auf die einzelnen Fragen antworten sollen. Denken Sie beim Ausfüllen dieser Checkliste am besten daran, dass stets viele Antworten möglich sind und dass jede Variante, die Ihnen in den Kopf kommt, Sie noch fitter und flexibler im Umgang mit den jeweiligen Kundentypen macht.

Meine Gedanken zu diesem Kapitel:

Wie habe ich mich bisher in Situationen mit diesem Kundentyp gefühlt?

Wie möchte ich mich gerne in zukünftigen Situationen fühlen?

Wie habe ich bisher in Situationen mit diesem Kundentyp gedacht?

Wie möchte ich gerne in zukünftigen Situationen denken?

Wie habe ich bisher in Situationen mit diesem Kundentyp gehandelt?

Wie möchte ich gerne in zukünftigen Situationen handeln?

Der Antiautoritäre

„Ach schauen Sie doch einmal wie süß mein ‚Kleiner' bei Ihnen aufräumt. Und da drüben mein Töchterchen verschönert gerade mit Wachsmalkreide Ihre Wände. Sind sie nicht niedlich die Beiden?!"

Oftmals sind gerade am Wochenende Väter und Mütter mit ihren Kindern auf Einkaufstour. Bevor wir uns den Problemen, die eventuell mit den „Antiautoritären" auftauchen könnten, widmen, möchte ich eines ganz klar und deutlich feststellen:

Familien mit Kindern sind etwas Wunderbares!

Ich möchte keinesfalls den Eindruck bei Ihnen erwecken, dass Familien mit Kindern von Natur aus ein Problem darstellen. Das ist ganz gewiss nicht der Fall! Aber es gibt auch unter ihnen Problemfälle, und denen widmen wir uns in diesem Buch.

Problematisch mit Familien wird ihre Verkaufstätigkeit ja nur, wenn die Väter bzw. die Mütter nicht auf ihre Kinder aufpassen und diese das ganze Geschäft auf den Kopf stellen. Das kann auf unterschiedlichste Art und Weise geschehen: Da können Kinder mit Schokoladenfingern oder Eiskugeln Ihre Ware beschmutzen. Andere Nachkömmlinge räumen netterweise Ihre Regale aus. Und wieder andere kleine Erdenbürger werfen Ihr Sortiment durcheinander. In all diesen und ähnlichen Fällen muss Ihnen klar sein, dass in erster Linie die Eltern die Verantwortung über ihre Kinder haben. Glück hat derjenige, dessen Unternehmen über eine Kinderecke verfügt, in der eine professionelle Kinderpflegerin sich um das Wohl der ihr anvertrauten Kinder kümmert.

Da die meisten Leser dieses Buches sicherlich nicht in einem solchen Unternehmen arbeiten, vergegenwärtigen Sie sich stets, dass immer noch die Eltern das Sorgerecht für ihre Kinder besitzen.

Zugegebenermaßen ist es oftmals nicht leicht, Eltern auf diesen Umstand hinzuweisen, ohne dass diese beleidigt von dannen ziehen. Doch Sie werden sehen, es gibt Mittel und Wege, Eltern auf diplomatische Art und Weise auf ihre Erziehungsberechtigung aufmerksam zu machen. Auch bei diesem heißen und viel diskutierten Thema können uns unsere Kundendurchleuchtungsfragen behilflich sein.

Weshalb legt dieser Kunde diese Verhaltensweise an den Tag?

Die Eltern wollen ganz einfach entspannt einkaufen, lautet die lapidare Antwort. Meist gesellt sich bei den Eltern noch der Gedanke hinzu, dass in einem Geschäft automatisch die Mitarbeiter die Verantwortung über die Kinder übernehmen.

Was könnten die Beweggründe für dieses Verhalten sein?

Endlich einmal Ruhe haben zu wollen und sich nicht dauernd um die Kinder kümmern zu müssen, ist sicherlich der Hauptgedanke vieler Eltern, die ihre Kinder schalten und walten lassen als seien sie auf einem Spielplatz.

Was möchte dieser Kunde mit seinem Auftreten bezwecken?

Bezwecken möchten Eltern wahrscheinlich nichts besonderes mit dieser Verhaltensweise. Manche Eltern mögen die Hoffnung haben, dass den Kindern von den Mitarbeitern des Unternehmens Manieren beigebracht werden. Doch auch hier weise ich nochmals darauf hin, dass ist nicht Ihre Aufgabe und sicher auch eher die Ausnahme.

Wie könnte bzw. sollte ich reagieren?

Möglichst gelassen,

wäre die kürzeste Antwort. Doch aus eigener Erfahrung weiß ich, dass ist leichter gesagt als getan. Besonders wenn man gerade Zeuge wird, wie ein dreijähriger Junge sich mit verschmierten Fingern gerade daran macht, weiße Blusen oder sonstige Artikel zu befummeln. Aber es hilft nichts. sollten Sie die Ruhe verlieren, machen Sie nicht nur die Kinder nervös, sondern auch die Eltern. Und das wäre für eine angenehme Einkaufsatmosphäre sicherlich nicht besonders hilfreich. Also lautet der wichtigste Tipp:

Ruhe bewahren!

Der nächste Schritt wäre dann, die Eltern nett und höflich darauf hinzuweisen, dass ihr Junge gerade im Begriff ist, das Sortiment zu beschmutzen. Wenn Sie Glück haben, reagieren die Eltern vernünftig auf Ihren Hinweis und wenden größeren Schaden von Ihrem Sortiment ab. Idealerweise passen die Eltern von jetzt an auf Ihren Sprössling auf. Damit wäre der Fall relativ schnell erledigt.

Nun gibt es aber auch Eltern, die überhaupt kein Verständnis für die „Panikmache" von Verkäufern haben und sich sogar mit diesen anlegen.

In diesen Fällen ist Ihr diplomatisches Geschick gefragt!

Zunächst ist es wichtig, dass Sie ähnlich wie bei der Einwand-behandlung (siehe mein Buch: „Der begeisterte Verkäufer") Verständnis für das Verhalten der Eltern und der Kinder signalisieren.

Das könnten Sie beispielsweise mit folgender Formulierung einleiten:

„Ich kann gut verstehen, dass Ihre Kinder sich ein wenig austoben wollen und Sie sich in Ruhe umschauen möchten."

Stockt Ihnen bei dieser Formulierung der Atem? Das kann ich, ehrlich gesagt, gut verstehen. Doch es hilft nichts: Wenn Sie nämlich sofort mit einer Zurechtweisung der Eltern beginnen, haben Sie das Verkaufsgespräch schon verloren. Auch wenn es Ihnen schwerfällt, verständnisvoll zu reagieren, Sie haben keine andere Chance, um die Situation erfolgreich zu gestalten. Natürlich besitzen Sie die Option, die Eltern gleich in ein Streitgespräch zu verwickeln. Nur wenn Sie das tun, können Sie die Eltern auch gleich aus dem Geschäft werfen – der Effekt wäre der gleiche.

Da es Ihnen jedoch darum geht, die Stimmung auch in solch einer Situation zu retten, um letztendlich noch etwas zu verkaufen, sollten Sie sich dieses rhetorischen Kniffes bedienen. Und am leichtesten gelingt Ihnen dieser Kniff, wenn Sie sich mit Hilfe der später folgenden Checkliste bewusst machen, welche Beweggründe Ihr Gesprächspartner hat, so und nicht anders zu handeln. Dieser Tipp gilt selbstverständlich auch für alle anderen konträren Gesprächssituationen, in denen Sie sich privat oder beruflich wiederfinden können. Ein hilfreiches Buch zu diesem und anderen Themen der Gesprächsführung habe ich ebenfalls verfasst, es trägt den Titel: „So setze ich mich durch!"

Nachdem Sie nun Ihr Verständnis signalisiert haben, wird es höchste Zeit, dass Sie auch Ihren Standpunkt klar machen. Am einfachsten gelingt Ihnen dies, wenn Sie aus Sicht des Kunden formulieren.

In unserem Beispiel würde dies folgendermaßen von statten gehen: „Sie erfreuen sich ja auch über unser gepflegtes Sortiment und würden sich wahrscheinlich wundern, wenn an unseren Artikeln Flecken vorhanden wären. Und damit Sie und andere sich bei Ihrem nächsten Besuch in unserem Hause wohlfühlen, verstehen Sie sicherlich, dass es sehr hilfreich für uns wäre, wenn Sie ein wenig auf Ihr Kind aufpassen würden, oder?"

Sollten die Eltern jetzt immer noch mit Unverständnis reagieren, unternehmen Sie nach dem obengenannten Schema am besten noch einen zweiten und vielleicht auch noch einen dritten Versuch. Ich bin sicher, dass in 90 Prozent aller Fälle bereits nach dem ersten Versuch ein Einlenken der stattfindet.

Sollten Ihnen tatsächlich einmal ganz hartnäckige Eltern begegnen, die auch nach dem dritten Verständnissignal und nach der dritten Bitte keine Einsicht zeigen, dann – aber bitte nur dann – ist es Ihnen erlaubt, zu härteren Maßnahmen zu greifen und Ihren Standpunkt deutlich und unmissverständlich darzustellen. Denn dann ist es wahrscheinlich kostengünstiger, auf einen Kunden zu verzichten, als sich sein Sortiment oder seinen Verkaufsraum verunstalten zu lassen. Doch so weit ist es in allen mir bekannten und erlebten Fällen nie gekommen. Auch bei diesem Thema heißt es:

Übung macht den Meister!

Und zum Meister können Sie schon mit dieser Checkliste werden:

Formulierung bzw. Verhalten des Kunden:
Sie sehen gerade wie der Sohn einer Kundin dabei ist, einen Warenträger zu demontieren, während die Tochter gleichzeitig einen Artikel nach dem anderen aus dem Regal räumt.

Weshalb legt dieser Kunde diese Verhaltensweise an den Tag?

Was könnten die Beweggründe für dieses Verhalten sein?

Was möchte dieser Kunde mit seinem Auftreten bezwecken?

Wie könnte bzw. sollte ich reagieren?

Konnten Sie dem Zauber Einhalt gebieten? Oder sind Ihnen die Worte des Verständnisses im Halse stecken geblieben? Ich hoffe nicht und wünsche Ihnen natürlich, dass Ihnen solche Extremsituationen erspart bleiben und Sie nur mit kleineren „kindlichen" Zwischenfällen zu tun haben.

Meine Gedanken zu diesem Kapitel:

Wie habe ich mich bisher in Situationen mit diesem Kundentyp gefühlt?

Wie möchte ich mich gerne in zukünftigen Situationen fühlen?

Wie habe ich bisher in Situationen mit diesem Kundentyp gedacht?

Wie möchte ich gerne in zukünftigen Situationen denken?

Wie habe ich bisher in Situationen mit diesem Kundentyp gehandelt?

Wie möchte ich gerne in zukünftigen Situationen handeln?

Der Feilscher

„Also ich nehme diesen Artikel nur, wenn ich 20 Prozent Rabatt bekomme. Ich zahle nirgendwo den Preis, der verlangt wird. Und überhaupt, seit das Rabattgesetz gefallen ist, wäre man ja blöd, wenn man den ausgezeichneten Preis berappen würde. Wie sieht es jetzt aus mit Ihrem Nachlass?"

Herrlich, das ist doch ein wunderbarer Abschluss für ein Verkaufsgespräch, werden Sie vielleicht denken. Was macht man in solchen Fällen?

Cool bleiben!

Das ist auf jeden Fall auch bei dem „Feilscher" erst einmal die Devise. Natürlich ist diese „Sorte" Kunde erst einmal mehr als unangenehm. Neben diesen Rabattjägern gibt es selbstverständlich auch andere Kunden, die auf eine weniger aggressive Art und Weise den Preis herunterhandeln möchten. Diese Gespräche laufen dann von Natur aus ein wenig angenehmer. Doch letztendlich ist das Ziel aller „Feilscher" stets das Gleiche.

Wie Sie Rabattjägern letztendlich gegenübertreten, ist sicherlich von Ihrer Geschäftsleitung bereits festgelegt worden, so dass ich Ihnen in diesem Buch keine generelle Regel für Ihr Unternehmen mit auf den Weg geben kann. Ob Sie einen Spielraum haben oder auch nicht, dass ist Sache Ihrer Unternehmensleitung. Generell ist es nur wichtig, dass Sie alle Kunden gleich behandeln. Denn es wäre fatal, wenn der eine Kunde stets den vollen Preis bezahlen müsste und ein anderer mit seinen Rabattverhandlungen Erfolg hätte. Wie das Schicksal so spielt, kann man davon ausgehen, dass sich ausgerechnet diese Kunden treffen und der erfolgreiche „Feilscher" dann auch noch mit seinen Erfolgen prahlt. Sie können sich sicherlich vorstellen, wie in einem solchen Fall dem Kunden zu Mute ist, der bei Ihnen seit Jahr und Tag den vollen Preis bezahlt hat.

Mittlerweile gibt es in vielen Unternehmen eine so genannte Kundenkarte, die Stammkunden einen generellen Nachlass einräumt. Ein gutes Beispiel für eine faire und Kunden bindende Maßnahme. Andere Unternehmen regeln das Thema Nachlass mit mehr oder weniger großzügigen Beigaben oder neudeutsch Give-aways, wie zum Beispiel einer Fahrradpumpe zum Fahrrad oder einer Krawatte zum Anzug. Auch das sind Ansätze, über die man sich Gedanken machen kann. Wie auch immer es in Ihrem Unternehmen gehandhabt wird – wichtig ist, wie bereits erwähnt, dass alle Kunden gleichbehandelt werden.

Schauen wir uns nun den durchschnittlichen „Feilscher" mit Hilfe unserer Erfolgsfragen einmal etwas genauer an.

Weshalb legt dieser Kunde diese Verhaltensweise an den Tag?

Das kann ganz unterschiedliche Gründe haben, doch auf den ersten Blick scheint es so, dass dieser Kunde schlicht und einfach sparen möchte. Dass dem allerdings in den meisten Fällen gar nicht so ist, erkennen Sie bei den nächsten Fragen.

Was könnten die Beweggründe für dieses Verhalten sein?

Natürlich tragen die Medien und deren Aufforderungen zum Feilschen einen enormen Teil zu dem Verhalten der Kunden bei. Es gab Zeiten, in denen kein Tag verging, ohne dass ein Fernsehsender oder eine Radiostation zum Feilschen und Handeln aufrief. Mehr oder minder ausdrücklich wurde kommuniziert: Wer ohne zu Handeln ein Geschäft verlässt, ist der Dumme. Gott sei Dank ist die Welle mittlerweile wieder abgeebbt. Wobei manche Medien dieses Thema, begleitet von entsprechenden Aufrufen, immer mal wieder aufgreifen.

Fakt ist: Es wird immer wieder Kunden geben, die es sich zu einer Art Aufgabe gemacht haben, bei jedem Einkauf zu handeln und zu feilschen. Steckt dahinter wirklich der Wunsch Geld zu sparen oder gibt es eine ganz andere Motivation für das permanente Feilschen? Was meinen Sie? Ich will es Ihnen verraten: Sehen wir einmal von großen Investitionen, wie einem Haus- oder Autokauf ab, dann sind die Summen, die durch das Feilschen eingespart werden doch relativ gering. Glauben Sie wirklich, dass es diesen Kunden um die paar Euro geht? Die Antwort ist ganz klar:

Nein!

Bei den meisten Kunden geht es beim Handeln mehr um einen emotionalen Aspekt . Es sind bestimmte Gefühle, die sich der Kunde gönnen möchte. Und diesen Gefühlen kommen wir mit der nächsten Frage auf die Schliche.

Was möchte dieser Kunde mit seinem Auftreten bezwecken?

Überlegen Sie schon, welche Gefühle beim Feilschen eine Rolle spielen? Zum Beispiel ein so banales oder auch nicht banales Gefühl wie:

Ich möchte erfolgreich sein,

Das könnte bei den „Feilschern" eine enorme Rolle spielen. Ja, Sie haben richtig gelesen. Genau das könnte ein Grund für einen Kunden sein, mit Ihnen in Preisverhandlungen zu treten. Aber auch das Gefühl, im Mittelpunkt stehen zu wollen, könnte ein Auslöser für endlose Rabattgespräche sein. Besonders bei den lautstarken Rabattjägern wird das wohl der Hauptgrund sein.

In manchen Fällen kann aber auch das Gefühl, nicht über den Tisch gezogen zu werden, eine große Rolle spielen. Welche Emotion auch immer Auslöser für die Rabattgespräche ist, für Sie ist es nur wichtig, diese Gefühle zu erkennen.

Wie könnte bzw. sollte ich reagieren?

Die Antwort ist Ihnen vermutlich bereits klar. Gehen Sie auf die Gefühle der „Feilscher" ein. Und das gelingt Ihnen am besten, wenn Sie auch in diesen Fällen für jeden Rabattwunsch, unabhängig wie freundlich oder unfreundlich er vorgetragen wird, Verständnis zeigen. Wenn Sie darüber hinaus, auch noch die Person anerkennen, die den Rabattwunsch geäußert hat, dann kann so gut wie nichts mehr schiefgehen.

Sind Sie schon am Schlucken? Jetzt sollen Sie auch noch Verständnis zeigen und den Kunden für sein Verhalten loben? Ja, genau das sollen Sie tun. Oder haben Sie kein Verständnis für einen Menschen, der sich gewisse angenehme Gefühle bescheren möchte? Na sehen Sie!

Das ganz würde folgendermaßen funktionieren. Egal in welcher Weise Ihr Kunde nach einem möglichen Rabatt fragt, antworten Sie ihm in etwa folgendermaßen:

„Ich kann Sie gut verstehen, dass Sie XX Prozent Nachlass wünschen. Und ich finde es auch prima, dass Sie so offen sind und nach einem Nachlass fragen."

Und jetzt kommt Ihre Möglichkeit, wie Sie auf das Ansinnen des Kunden reagieren können. Sie haben verschiedene Möglichkeiten: entweder dem Kunden eine Kundenkarte anzubieten, ihm etwas zu schenken oder auch schlicht und einfach keinen Rabatt zu gewähren. Wie auch immer Ihre Reaktion jetzt aussieht, Sie werden feststellen, dass die meisten Kunden nach Ihrem Verständnissignal und der Aufwertung ihrer Person bedeutend zugänglicher sind, als sie es wären, wenn Sie gleich folgendermaßen geantwortet hätten:

„Bei uns gibt es generell keinen Rabatt!" Würden Sie den Rabattwunsch des Kunden sofort ablehnen, können Sie sich unschwer vorstellen, wie Ihr Gegenüber reagiert hätte. Wahrscheinlich haben Sie solche Reaktionen auch schon erlebt. Ihnen würde es ja auch nicht gefallen, wenn man Ihre Wünsche derart abschmettert. In dem Moment, in dem Sie dem Kunden signalisieren, dass Sie sein Ansinnen verstehen können und es auch noch gut finden, dass er als Person bzw. als Mensch seine Wünsche äußert, glauben Sie mir, genau in diesem Moment haben Sie schon mehr als die halbe (Rabatt-) Schlacht gewonnen. Nur ganz wenige Zeitgenossen können sich dieser Art der Kommunikation entziehen und weiter fordernd oder unverschämt bleiben. Sollte dies dennoch vereinzelt passieren, dann wenden Sie die gleiche Strategie noch ein- oder zweimal an. Spätestens jetzt werden Sie auch den aggressivsten Kunden besänftigt haben.

Eine wichtige Voraussetzung für das Anwenden dieser Strategie ist:

Ihr gesundes Selbstbewusstsein!

Haben Sie nämlich kein ausgeprägtes Selbstbewusstsein, dann kann schon harmloses Nachfragen nach einem Rabatt in Ihnen unangenehme Gefühle der Minderwertigkeit auslösen. Haben Sie allerdings ein ausgeprägtes Selbstbewusstsein, dann macht es

Ihnen überhaupt nichts aus, so souverän wie oben vorgeschlagen auf einen Rabattwunsch zu reagieren. Denn dann nehmen Sie diese Äußerungen der Kunden nicht persönlich. Fühlt man sich nämlich durch die Rabattfrage des Kunden persönlich angegriffen, hat das stets mit einem geringen Selbstwertgefühl zu tun.

Oder haben Sie sich schon einmal gefragt, was ein Rabattwunsch mit Ihrer Person tun hat. Ich sage es Ihnen:

Absolut nichts!

Wie Sie Ihr Selbstbewusstsein stärken, können Sie beispielsweise in meinem Buch: „Begeistere Dich selbst!" nachlesen. Doch einen Tipp möchte ich Ihnen jetzt schon einmal geben. Machen Sie sich immer wieder bewusst, dass jede Kundenäußerung absolut nichts mit Ihrer Person zu tun hat. Außer natürlich Äußerungen, in denen Sie persönlich angesprochen werden. Aber ob einem Kunden Ihr Sortiment gefällt oder auch nicht, ob er mit der Preispolitik Ihres Unternehmens einverstanden ist oder nicht, alle diese Äußerungen haben nie etwas mit Ihrer Person zu tun. Gelingt es Ihnen, sich dies immer wieder vor Augen zu führen, dann sind Sie einen entscheidenden Schritt in die Richtung selbstbewusstes Auftreten gegangen. Fühlt man sich persönlich nicht betroffen, ist es bedeutend einfacher, in allen Lebenslagen souverän zu agieren.

Also denken sie stets daran: Egal, welchen Rabattwunsch Ihr Kunde hat, nehmen Sie es nicht persönlich, zeigen Sie Verständnis und werten Sie am besten noch seine Person auf. Wie wahrscheinlich von Ihnen schon heiß ersehnt, kommt jetzt wieder eine kleine Übung für Sie, damit Sie auf den nächsten „Feilscher" bestens vorbereitet sind.

Formulierung bzw. Verhalten des Kunden:

„Meinen Sie, wir können da am Preis noch etwas machen? Wenn Sie mir ein wenig entgegenkommen, würde ich den Artikel sofort mitnehmen!

Weshalb legt dieser Kunde diese Verhaltensweise an den Tag?

Was könnten die Beweggründe für dieses Verhalten sein?

Was möchte dieser Kunde mit seinem Auftreten bezwecken?

Wie könnte bzw. sollte ich reagieren?

Das war aber diesmal ein netter „Feilscher", oder? Aber nichts desto trotz, hatte er das gleiche Ziel, wie der etwas unverschämter auftretende „Rabattjäger". Ich bin sicher, dass Sie spätestens nach diesem Kapitel mit beiden wunderbar zurechtkommen werden.

Meine Gedanken zu diesem Kapitel:

Wie habe ich mich bisher in Situationen mit diesem Kundentyp gefühlt?

Wie möchte ich mich gerne in zukünftigen Situationen fühlen?

Wie habe ich bisher in Situationen mit diesem Kundentyp gedacht?

Wie möchte ich gerne in zukünftigen Situationen denken?

Wie habe ich bisher in Situationen mit diesem Kundentyp gehandelt?

Wie möchte ich gerne in zukünftigen Situationen handeln?

Der Sparsame

„Oh, das ist mir aber wirklich zu teuer. Haben Sie denn nichts Günstigeres anzubieten? So viel Geld möchte ich wirklich nicht ausgeben. Es ist doch nur für meine Freizeit, wissen Sie. Auch die anderen Artikel waren mir ehrlich gesagt ein wenig zu teuer. Ich glaube ich überlege mir das ganz noch einmal."

Keine Angst, dieser Kunde möchte nicht auch mit Ihnen feilschen. Im Gegensatz zum „Feilscher" kommt es diesem Kunden tatsächlich auf die Ersparnis beim Einkauf an. Das ist eine ganz andere Motivationsgrundlage, als sie bei den „Feilschern" vorliegt. Beim „Sparsamen" geht es nicht so sehr um Gefühle, sondern vielmehr um tatsächliche Einsparmöglichkeiten. Das schließt aber nicht aus, dass sich auch dieser Kunde zugleich mit fast jedem Einkauf angenehme Gefühle bescheren möchte. Oder kennen Sie einen Kunden, der etwas kaufen möchte, um unglücklich zu sein? Wahrscheinlich fällt Ihnen niemand ein, der sich mit seinem Einkauf unglücklich machen möchte. Auch beim „Sparsamen" geht es also letztendlich um positive Gefühle.

Nur gibt es eben Menschen, die aus unterschiedlichen Gründen heraus, beim Einkauf Geld sparen möchten oder müssen. Und hier sollten wir bereits deutlich zwischen dem „Sparsamen" und dem „Sparsamen" unterscheiden. Der eine „Sparsame" muss Geld einsparen, da er einfach nicht mehr Budget zur Verfügung hat. Der andere „Sparsame" möchte ganz einfach möglichst wenig ausgeben, weil er sich für ein Fahrrad, für Sportschuhe oder ein Kostüm eine bestimmt Grenze gesetzt hat. Für Sie im Verkauf ist es allerdings fast unerheblich, aus welchen Gründen der Kunde nicht so viel ausgeben möchte. Lediglich auf den Kunden, der tatsächlich nur einen bestimmten Betrag zu Verfügung hat, sollten Sie entsprechend eingehen. Dabei ist die Strategie ganz einfach: Zeigen Sie diesem

Kunden Artikel, die in seinen Budgetrahmen passen. Alles andere wäre zwecklos. Denn einem Menschen, der 100 Euro in der Tasche hat, können Sie nichts für 120 Euro verkaufen. Wichtig ist nur, dass Sie bei ihm akzeptieren, dass er eben nicht mehr als 100 Euro ausgeben kann.

Wundern Sie sich, dass ich auf diesen Umstand extra hinweise? Leider kommt es immer wieder vor, dass so mancher Verkäufer kein Verständnis für diese Kunden hat und sich wundert, dass es immer wieder Menschen gibt, die nicht mehr ausgeben möchten. Bei ihnen ist es, ganz egal wie sehr Sie auf den Qualitätsvorteil bei einem höherpreisigen Artikel hinweisen, der Kunde bevorzugt zu Ihrer großen Verwunderung den Artikel mit geringerer Qualität. Am besten denken Sie in solchen Fällen einfach daran, dass jeder Kunde seine eigene Qualitätsvorstellung hat und haben darf.

Nicht jeder Mensch möchte unbedingt Cashmere tragen, manche Menschen sind auch mit einem Alpaka- oder Angorapullover zufrieden. Vor allen Dingen in Geschäften mit einem sehr hochwertigen Angebot trifft man immer wieder auf Verkäufer, die überhaupt kein Verständnis für einen weniger hohen Qualitätsanspruch ihrer Kunden haben und sich wundern, dass manche Kunden nur zum Schlussverkauf oder gar nicht mehr auftauchen. Dabei müssten diese Mitarbeiter nur einmal auf ihr eigenes Budget schauen und sich vorstellen, die angebotene Ware ohne Mitarbeiterrabatt bar bezahlen zu müssen. Leider wird diese Denkweise oftmals unterlassen. Das wiederum liegt daran, dass ein Mitarbeiter, der tagtäglich zum Beispiel mit Designerware umgeben ist, fast schon einem Realitätsverlust unterliegt. Wer tagtäglich Pullover für 500 Euro und mehr verkauft, empfindet diese Preise als normal und kann sich kaum noch vorstellen, dass es Menschen gibt, die nicht bereit sind, diese Summe für ein Kleidungsstück auszugeben, oder es schlicht und einfach nicht können.

Wenden wir uns nun dem oben angegebenem „Sparsamen" zu. Um diesem Kundentypen etwas näherzukommen, nutzen wir wieder unsere Fragen, die uns dabei helfen, dieser Kundenspezies hinter die Stirn zu blicken.

Weshalb legt dieser Kunde diese Verhaltensweise an den Tag?

Wie bereits erwähnt, möchte dieser Kunde ganz einfach nicht mehr für diesen oder jenen Artikel ausgeben.

Was könnten die Beweggründe für dieses Verhalten sein?

Neben dem begrenzten Budget können da natürlich noch ganz andere Gründe mitspielen, wie zum Beispiel, dass dieser Kunde es einfach nicht einsieht, für seine Freizeitaktivitäten oder auch für sein berufliches Outfit mehr Geld als nötig auszugeben. Die Beweggründe hängen sehr stark von der jeweiligen Interessenlage des Kunden ab.

Macht dem Kunden das Kochen beispielsweise sehr viel Spaß, wird er eher bereit sein, für einen tollen Kochtopf viel Geld auszugeben. Ist das Kochen für ihn eher ein notwendiges Übel, wird er wohl lieber auf ein Sonderangebot zurückgreifen.

Welche Prioritäten im Leben eines Menschen ganz oben stehen, ist eine sehr individuelle Sache. Wichtig für Sie im Verkauf ist nur, dass Sie die unterschiedlichen Prioritäten akzeptieren. Natürlich weiß ich, dass dies nicht immer ganz leicht ist. Denn im Normalfall ist davon auszugehen, dass Ihre obersten Prioritäten ganz eng mit den Artikeln verbunden sind, die Sie tagtäglich verkaufen. Sonst hätten Sie nicht den nötigen Spaß an Ihrem Warenangebot und es würde Ihnen die nötige Begeisterung fehlen, um Ihr Angebot mit Freude überzeugend zu präsentieren. Nun ist es aber einmal so, dass wir nicht ausschließlich von den Kunden leben können, die genauso viel Spaß an unseren Artikeln oder unserer Branche haben wie wir, sondern wir brauchen auch diejenigen, die unser Angebot eben nur bei Bedarf interessiert. Alles andere wäre zu schön, um wahr zu sein.

Was möchte dieser Kunde mit seinem Auftreten bezwecken?

Diese Frage ist schnell beantwortet. Dieser Kunde möchte nur eines bezwecken:

Er möchte nicht zu viel Geld ausgeben!

Was jetzt im Einzelfall zu viel Geld ist, das wiederum entscheidet der Kunde und, wie erwähnt, meist auch seine Interessenslage.

Wie könnte bzw. sollte ich reagieren?

Hier kommt es wieder, das wichtigste Wort im Umgang mit besonderen Kunden, um das Wort „Problemkunden" zu vermeiden:

Verständnis!

Ich hoffe, Sie können dieses Wort noch hören bzw. lesen. Doch es ist nun einmal die wichtigste Voraussetzung für den Umgang mit diesen Kundentypen. Oder, richtiger ausgedrückt, nicht nur für den Umgang mit Kunden, sondern auch mit allen Menschen in Ihrem Leben, die aus irgendwelchen Gründen eine andere Meinung, Ansicht oder Verhaltensweise an den Tag legen, als Sie es sich vorstellen. Sobald Ihnen das Verständnis fehlt, werden Sie automatisch auf Schwierigkeiten stoßen, die Sie in den meisten Fällen mit Verständnis hätten vermeiden können. Und wer will nicht Probleme und Schwierigkeiten vermeiden?

Also signalisieren Sie auch dem „Sparsamen" gegenüber erst einmal Verständnis. Das könnte in der Praxis in etwa folgendermaßen klingen: „Das kann ich gut verstehen, dass Sie lieber einen günstigeren Artikel wünschen, denn es muss ja nicht immer der Teuerste sein." Erst wenn Sie ein derartiges Verständnissignal gesendet haben, sollten Sie dazu übergehen, einen Artikel zu präsentieren, der den Preisvorstellungen des Kunden entspricht, oder ein Argument anzubringen, dass den Preis des gezeigten Artikels nicht nur rechtfertigt, sondern idealerweise in den Augen des Kunden sogar günstig erscheinen lässt. Denn unabhängig davon, wie Sie bei diesem Kunden vorgehen, für ihn steht der Preis an erster Stelle. Deswegen sollten Ihre sämtlichen Aktivitäten auf eines abzielen:

Erfüllen Sie den Einsparungswunsch des Kunden!

Dies muss nicht immer durch einen preiswerteren Artikel sein, sondern kann auch durch eine professionelle Argumentation geschehen. Beispielsweise könnte das folgendermaßen klingen: „Wenn Sie sich zum Beispiel für diese Hose entscheiden, sparen Sie die Reinigungskosten, da diese weiße Hose maschinenwaschbar ist!"

Egal, was Sie bei diesem Kunden anstellen, denken Sie stets daran: Er möchte sparen! Damit Ihnen der Umgang ihm noch leichter fällt, machen Sie sich am besten bewusst, welche Einspararugmente es für die in Frage kommenden Artikel in Ihrem Sortiment gibt. Das können zum Beispiel die Haltbarkeit, die Pflege, die Wartungskosten, usw. sein. Haben Sie sich erst einmal vergegenwärtigt, welche Einsparungen mit welchem Artikel verbunden sind, dann kann es sogar passieren, dass Sie sich auf jeden sparsamen Kunden freuen, um ihn letztendlich von einem höherpreisigen Artikel zu überzeugen. Doch vergessen Sie keinesfalls den Budgetkunden, den Sie benötigen, um Ihre preiswerteren Angebote an den Mann bzw. die Frau zu bringen.

Immer wieder werden Ihnen auch die so genannten

„Smartshopper"

begegnen. Dabei handelt es sich nicht um Kunden, die einen Smart fahren, sondern um Konsumenten, die zwar häufig über ein üppiges Budget verfügen, für die es aber mittlerweile ein Sport geworden ist, beim Einkaufen Geld zu sparen. Diese Spezies finden Sie natürlich auch untern den „Feilschern"! Auch bei diesen Kunden müssen Sie nicht immer auf einen günstigeren Artikel umsteigen, sondern gerade in diesen Fällen sind oftmals Argumente, die den Preis relativieren, sehr hilfreich.

Nun wünsche ich Ihnen erst einmal viel Spaß mit der nächsten Übung und hoffe, dass Sie nicht allzu sehr mit Ihren Ideen und Lösungsvorstellungen sparen.

Formulierung bzw. Verhalten des Kunden:

„Also wissen Sie, mehr als 200 Euro möchte ich für diesen Anlass nicht ausgeben. Das wäre ja rausgeworfenes Geld!"

Weshalb legt dieser Kunde diese Verhaltensweise an den Tag?

Was könnten die Beweggründe für dieses Verhalten sein?

Was möchte dieser Kunde mit seinem Auftreten bezwecken?

Wie könnte bzw. sollte ich reagieren?

Wie Sie sicher schon bemerkt haben, ist es sinnvoll, die vorgegebene Situation auf Ihr Sortiment abzustimmen, um den jeweiligen Kunden optimal bearbeiten zu können. Damit keine Branche zu kurz kommt, habe ich die angegebenen Artikel jeweils neutral formuliert. Aber ich bin mir sicher, dass Ihnen die konkreten Beispiel eingefallen sind.

Meine Gedanken zu diesem Kapitel:

Wie habe ich mich bisher in Situationen mit diesem Kundentyp gefühlt?

Wie möchte ich mich gerne in zukünftigen Situationen fühlen?

Wie habe ich bisher in Situationen mit diesem Kundentyp gedacht?

Wie möchte ich gerne in zukünftigen Situationen denken?

Wie habe ich bisher in Situationen mit diesem Kundentyp gehandelt?

Wie möchte ich gerne in zukünftigen Situationen handeln?

Der Unzufriedene

„Ist das alles, was Sie zu bieten haben? Da habe ich ja in der Kleinstadt, aus der ich komme, mehr Auswahl. Oh Gott, ist das schrecklich. Wer soll so was denn anziehen? Sagen Sie mal, wo haben Sie das denn her? Das hat meine Oma ja nicht einmal vor 20 Jahren getragen. Nein, also das Kleid können Sie gleich wieder weghängen. Ich brauche schon etwas Schickeres.“

„Uff“, „stöhn“ „ächz“, kennen Sie auch solche Kunden, denen einfach nichts gefällt und denen Sie es nie recht machen können? Das sind zugegebenermaßen schwierige Fälle. Aber was hilft es? Manchmal müssen wir auch mit solchen Kunden zurechtkommen. Die entscheidende Frage ist nur wie? Oder anders gefragt: Hat es überhaupt Sinn, sich mit diesen unzufriedenen Kunden abzugeben?

Die Antwort auf diese Frage können Sie sich bestimmt schon vorstellen oder?

Ja, es hat Sinn!

Auch bei diesem Kunden gilt: Man muss nur wissen, wie man sie packt und, vor allen Dingen, wie man sie umdreht. Das bedeutet: Wie man aus ihnen zufriedene Kunden macht. Natürlich gibt es auch bei den „Unzufriedenen“ unterschiedliche Typen. Der eine ist einfach von Natur aus unzufrieden, nicht etwa mit Ihnen oder Ihrem Sortiment, sondern er ist generell mit sich und seinem Leben unzufrieden. Das sind schon einmal die schwierigeren Fälle. Aber auch für sie kann es Lösungen geben, die Ihnen helfen Ihren Umsatz zu steigern.

Der andere Kunde ist nur momentan nicht allzu zufrieden. Vielleicht ist ihm gerade irgendeine Laus über die Leber gelaufen, die diese unzufriedene Stimmung ausgelöst hat. Auch hier gibt es eine Menge Ansätze, um diesen Kunden aus seiner derzeitigen Unzufriedenheit herauszuholen.

Was auch immer die Ursache für die Unzufriedenheit der Kunden ist, mit Ihnen und Ihrem Sortiment hat das Ganze meistens nichts oder wenig zu tun. Das ist schon einmal eine wichtige Kernaussage, die Sie sich merken sollten. Ist ein Kunde nämlich mit sich und seiner momentanen Situation nicht zufrieden, dann ist es erst einmal schwer, es diesen Menschen recht zu machen. Das ändert sich, wenn man weiß, wo man den Hebel ansetzen kann, um diese Person zumindest vorübergehend von ihrer generellen Unzufriedenheit zu befreien.

Sollte die Unzufriedenheit tatsächlich etwas mit Ihrem Angebot zu tun haben, dann handelt es sich meist nicht um Unzufriedenheit ,sondern eher um Enttäuschung. Sprich, der Kunde hat sich etwas Bestimmtes vorgestellt und findet das nicht bei Ihnen. Diese Kunden sind aber in den meisten Fällen nicht unzufrieden und nörgeln auch nicht herum, sondern sagen schlicht und einfach, dass sie enttäuscht sind, nicht das Passende gefunden zu haben. Die Lösung für diese Fälle: Entweder über Alternativangebote noch einmal sein Glück versuchen oder über Extrabestellungen den gewünschten Artikel besorgen, wenn das möglich ist. Sollte Ihnen das nicht gelingen, ist das kein Problem. Man kann nun einmal nicht jeden Kundenwunsch erfüllen. Egal, wie groß Ihr Sortiment ist, immer kann es einfach nicht klappen, auch wenn die Zahl der so genannten „Nein-Verkäufe" natürlich niedrig bleiben muss. Der enttäuschte Kunde wird Ihnen in den meisten Fällen nicht verloren gehen.

Kümmern wir uns also in diesem Kapitel um den von Grund auf unzufriedenen Kunden und schauen uns einmal an, was wir in tun können, um doch noch einen zufriedenen und vor allen Dingen kaufenden Kunden zu gewinnen.

Weshalb legt dieser Kunde diese Verhaltensweise an den Tag?

Er kann nicht anders, ist die einfache Antwort. Könnte er sich nämlich anders verhalten, würde er es ja auch tun. Allem Anschein nach ist seine Unzufriedenheit so groß, dass er seine Stimmung nicht im Griff hat.

Was könnten die Beweggründe für dieses Verhalten sein?

Das können vor allen Dingen zwei Gründe sein: Entweder ist es die generelle Unzufriedenheit im Leben oder eben die momentane Unzufriedenheit, die von einem zeitnahen Ereignis ausgelöst wurde.

Was möchte dieser Kunde mit seinem Auftreten bezwecken?

Tja, so leid es mir tut, aber die Antwort ist leider in den meisten Fällen nicht sehr erfreulich für Sie. Der „Unzufriedene" möchte sein Mütchen kühlen und sucht einen Blitzableiter für seinen Unmut. Und das sind leider in vielen Fällen die Dienstleister dieser Welt. Hört sich schlimm an, ist aber leider oftmals eben so.

Ein kleiner Hinweis sei mir an dieser Stelle gestattet. Sie müssen sich nicht alles gefallen lassen, was Ihnen so manche Kunden zumuten. Alles, was unter die Gürtellinie geht, ist für Sie ein Grund, auch einmal einem Kunden Einhalt zu gebieten. Also persönliche Beleidigungen oder sogar Beschimpfungen brauchen Sie auch nach der Lektüre dieses Buches nicht zu ertragen. Wichtig bei dieser Regel ist nur, dass Sie unterscheiden zwischen persönlichen Angriffen und nicht persönlichen Angriffen.

Doch in den meisten Fällen werden Ihre Kunden Sie hoffentlich mit ihrer Unzufriedenheit nicht angreifen, sondern eben allgemeine

Unmutsäußerungen von sich geben. Die Zahl der persönlichen Angriffe liegt in der Praxis meist unter einem Prozent. Also kümmern wir uns lieber um die „normal" unzufriedenen Kunden.

Wie könnte bzw. sollte ich reagieren?

Vor allen Dingen lassen Sie sich nicht anstecken von der Unzufriedenheit dieser Kunden. Das alleine ist schon eine große Herausforderung. Denn ehe wir uns versehen, kann es passieren, dass wir von dem Unzufriedenheitsvirus befallen sind. Aus dieser Falle kommen Sie nur heraus, wenn Sie sich immer wieder bewusst machen, dass Ihr Kunde ein Problem hat und nicht Sie. Manchmal hilft auch Mitleid. Ärgern Sie sich also nicht über den Kunden, sondern haben Sie allerhöchstens Mitleid mit ihm, weil er so unzufrieden ist.

Diesen Tipp meine ich nicht ironisch, sondern ganz ernst. Denn ein Mensch, der beim Einkaufen schlecht gelaunt ist und dem man nichts recht machen kann, der kann einem wahrhaftig leidtun. Er ist nämlich im Begriff, sich selbst ein an und für sich schönes Erlebnis zu zerstören. Es sei denn, es handelt sich um einen zwangsweisen Einkauf, den der Kunde tätigen muss. Doch diese Muss-Einkäufe sind ja eher die Ausnahme. Gelingt es Ihnen tatsächlich, Mitleid oder sagen wir besser Mitgefühl für einen unzufriedenen Menschen zu entwickeln, dann ziehen Sie sich automatisch aus seiner Unzufriedenheit heraus. In den meisten Fällen erhöhen Sie sich sogar, das heißt Sie stehen emotional über ihm. Das muss der Kunde ja nicht unbedingt wissen und merken. Es genügt schon, wenn Sie das Gefühl bekommen, dass Sie mit dieser Unzufriedenheit absolut nichts zu tun haben. Denn erst, wenn Sie diese Empfindung haben, sind Sie in der Lage, souverän zu agieren und diesen Kunden eventuell sogar umzudrehen.

Haben Sie sich selbst aus dieser unzufriedenen Situation

herauskatapultiert, fangen Sie einfach an, den Kunden Stück für Stück von seiner eigenen Unzufriedenheit zu befreien. Sind Sie schon gespannt, wie das funktionieren könnte, oder denken Sie vielleicht schon an private Situationen, in denen Sie dieses Know-how auch anwenden könnten? Das ist mit dem folgenden Tipp durchaus möglich. Beherrschen Sie es nämlich, einen Kunden aus seiner Unzufriedenheit herauszuziehen, dann sind Sie auch bei privaten Gesprächspartnern dazu in der Lage. Das funktioniert so:

Anstatt sich auf das Nörgeln des Kunden einzulassen, fragen Sie ganz einfach, was er sich denn vorgestellt hat. Im Gespräch könnte das folgendermaßen klingen:

„Was haben Sie sich denn so vorgestellt?" Auf diese Frage erhalten Sie vielleicht eine ganz klare Antwort, eventuell bekommen Sie aber auch nur zu hören, dass er das nicht so genau wüsste. Egal, was Ihr Kunde antwortet, stellen Sie nun die nächste Frage, die lauten könnte: „Was möchten Sie denn auf keinen Fall haben?" Auf diese Frage bekommen Sie von den unzufriedenen Kunden meist eine sehr präzise Antwort. Denn was sie nicht haben wollen, können Ihnen diese Menschen meist ausgesprochen genau mitteilen. Wenn Sie dann hergehen und die Antworten des Kunden auf Ihre Fragen zusammenfassen, haben Sie in den meisten Fällen Ihr Ziel erreicht. Diese Zusammenfassung könnte in etwa wie folgt klingen: „Wenn ich Ihnen etwas zeigen könnte, das Ihren genannten Vorstellungen entspricht und das auf keinen Fall in die Richtung geht, was Sie nicht haben wollen, dann wären Sie zufrieden?" Ich verspreche Ihnen, von 99 Prozent aller unzufriedenen Kunden werden Sie jetzt auf jeden Fall ein Ja bekommen. Bei der Mehrzahl der „Unzufriedenen" steigt jetzt zudem die Laune, wenn Sie Ihr Versprechen halten und einen Artikel zeigen können, der ungefähr den geäußerten Kundenvorstellungen entspricht.

Haben Sie den kleinen rhetorischen Kniff durchschaut? Sie schlagen den Kunden mit seinen eigenen Waffen. Anstatt zu zeigen und zu zeigen und sich den Mund fransig zu reden, stoppen Sie Ihre Präsentation, fragen den Kunden erstens danach, was er gerne haben möchte, und zweitens danach, was er auf keinen Fall haben möchte. Darauf folgend fassen Sie seine Aussagen noch einmal zusammen und zeigen ihm im Idealfall, wenn vorrätig, die gewünschte Ausführung. Würde er sich jetzt wieder beschweren, müsste er sich und seinen Aussagen widersprechen. Der Erfolg dieser Strategie liegt nicht nur darin, dass Sie den unzufriedenen Kunden in eine wohlgemeinte Falle gelockt haben, sondern Sie haben unmerklich eine positive Stimmung in ihm erzeugt.

Damit Ihnen dieser Kniff noch bewusster wird, zitiere ich Ihnen jetzt ein erlebtes Beispiel aus dem Sportfachhandel, das in etwa so gelaufen ist:

Nachdem der Kunde schon eine Viertelstunde jeden Joggingschuh abgelehnt hat, stoppte der Verkäufer seine Präsentation und stellte folgende Frage: „Welche Eigenschaften sind Ihnen denn bei einem Laufschuh besonders wichtig?" Der Kunde antwortete darauf missmutig: „Das habe ich Ihnen doch schon gesagt. Der Schuh muss eine sehr gute Dämpfung im Vorderfußbereich haben." „Und welche Eigenschaften sollte der Laufschuh auf keinen Fall haben?", entgegnete der Verkäufer. „Auf keinen Fall so einen modischen Firlefanz, den Sie mir bisher gezeigt haben," antwortete der Kunde immer noch schlecht gelaunt. Jetzt kam die Stunde des Verkäufers: „Aha, also wenn ich Ihnen jetzt ein Modell zeige, dass eine starke Vorderfußdämpfung besitzt und nicht zu modisch und zu auffällig ist, dann wären Sie glücklich und zufrieden?" „Ja, das wäre mehr als schön!", entgegnete der Kunde jetzt schon bedeutend freundlicher. Zum Glück hatte der Verkäufer einen entsprechenden Schuh parat und konnte das Paar dem Kunden präsentieren. Ab diesem Zeitpunkt verlief das ganze Verkaufsgespräch nicht nur freundlicher, sondern wurde auch noch erfolgreich abgeschlossen.

Und Ihnen, lieber Leser, verrate ich jetzt noch etwas: Genau den Schuh, für den sich der Kunde zum Schluss entschieden hat, hatte er einige Minuten zuvor noch mit folgenden Worten abgelehnt: „So einen Schuh würde ich niemals zum Joggen anziehen." Und genau daran erkennen Sie, dass es sich in den meisten Fällen der unzufriedenen Kunden meist eher um eine Launenhaftigkeit handelt und die Unzufriedenheit selten etwas mit Ihnen und Ihrem Sortiment zu tun hat. Ihnen muss es nur gelingen, die Stimmung des Kunden umzudrehen. Damit Ihnen das genauso erfolgreich wie dem Verkäufer aus der Sportabteilung gelingt, fasse ich noch einmal die drei Schritte zusammen:

1. **Fragen Sie nach den Vorstellungen des Kunden.**

2. **Fragen Sie nach den Dingen, die Ihr Kunde vermeiden möchte.**

3. **Fassen Sie die Antworten des Kunden auf Frage 1 und 2 zusammen und fragen Sie Ihren Kunden, ob er mit einem entsprechenden Angebot zufrieden wäre.**

So nichts wie ran an die nun folgende Checkliste und lassen Sie sich, bezogen auf Ihr Sortiment, ein paar gute Fragen einfallen.

Formulierung bzw. Verhalten des Kunden:

„Also wenn Sie mir jetzt noch einmal so einen unmöglichen Artikel zeigen, dann gehe ich wirklich. Ich habe meine Zeit ja auch nicht gestohlen."

Weshalb legt dieser Kunde diese Verhaltensweise an den Tag?

Was könnten die Beweggründe für dieses Verhalten sein?

Was möchte dieser Kunde mit seinem Auftreten bezwecken?

Wie könnte bzw. sollte ich reagieren?

Haben Sie den Kunden knacken können? Wenn Ihnen schon bei dieser Trockenübung ein paar gute Ideen gekommen sind, dann wird es Ihnen in Ihrem nächsten Verkaufsgespräch mit einem unzufriedenen Kunden mit Sicherheit auch gelingen. Passen Sie nur auf, dass man Sie in Ihrem Team nicht generell auf alle „Unzufriedenen" loslässt. Denn nur unzufriedene Kunden, die man umdrehen darf, sind auf die Dauer auch nicht das Gelbe vom Ei. Doch Gott sei Dank sind wohl auch bei Ihnen die dankbaren und angenehmen Kunden in der Überzahl, so dass man sich ab und zu einmal auch einen „Unzufriedenen" gönnen kann.

Meine Gedanken zu diesem Kapitel:

Wie habe ich mich bisher in Situationen mit diesem Kundentyp gefühlt?

Wie möchte ich mich gerne in zukünftigen Situationen fühlen?

Wie habe ich bisher in Situationen mit diesem Kundentyp gedacht?

Wie möchte ich gerne in zukünftigen Situationen denken?

Wie habe ich bisher in Situationen mit diesem Kundentyp gehandelt?

Wie möchte ich gerne in zukünftigen Situationen handeln?

Der Unentschlossene

„Irgendwie gefallen mir alle drei Sets. Oh, Gott es ist ja schon halb zwölf. Bin ich tatsächlich schon anderthalb Stunden bei Ihnen? Wie die Zeit vergeht. Na, Gott sei Dank habe ich ja heute frei und noch ein bisschen Zeit. Welches der drei Sets würden Sie denn nehmen? Ach sagten Sie ja bereits, Sie würden das Rote nehmen. Das ist auch wirklich sehr hübsch. Doch ist rot nicht ein wenig zu sehr dem Trend unterworfen? Wissen Sie was, ich überlege es mir noch einmal und komme morgen mit meiner Freundin wieder. Herzlich Dank erst einmal für Ihre geduldige Beratung!"

Wahrscheinlich kennen Sie solche Kunden zur Genüge. Sie sind nett, aber leider nicht entscheidungsfreudig. Und das kann einem ganz schön auf die Nerven gehen. Bei manchen dieser Zeitgenossen wundert man sich, dass sie überhaupt etwas am Leib tragen. Denn bei dieser Entscheidungsfreude könnte man meinen, dass sich die „Unentschlossenen" noch nie für etwas entschieden haben. Doch so schlimm ist es nun auch wieder nicht. An einem ganz bestimmten Punkt entscheiden sich auch diese Menschen für Dinge in Ihrem Leben.

Oftmals sind die „Unentschlossenen" auch nicht alleine unterwegs, sondern haben ihren eigenen Berater bzw. ihre eigene Beraterin dabei. Diese Begleitpersonen können z.B. Freunde oder Verwandte sein, zuweilen betritt der „Unentschlossene" ein Geschäft mit ganzen Beraterstäben, die sich aus seiner Clique oder der Großfamilie zusammensetzen. Das kann für Sie hilfreich sein, aber auch das Gegenteil ist möglich – je nachdem wie die Berater gestrickt ist. Ganz besonders interessant wird es, wenn auch die Begleitung zu den „Unentschlossenen" zählt.

Eines möchte ich bei den „Unentschlossenen" ganz klar vorwegschicken: Das Vorurteil, dass diese Menschen unterwegs sind, um Verkäufer aufzuhalten oder sogar zu ärgern, ist in den meisten Fällen völliger Unsinn. Dieser Kundentyp leidet meist selbst unter seiner Unentschlossenheit und hat absolut keinen Spaß daran, nach einem mehrstündigen Einkauf ohne irgendetwas nach Hause zu kommen.

Vereinzelt gibt es natürlich durchaus Kunden, die einfach so einen Einkaufsbummel unternehmen, ohne eine direkte Kaufabsicht zu haben und vermeintlich die Mitarbeiter im Handel aufhalten und ihnen die Zeit stehlen. Doch auch diese Kunden sind letztendlich sehr wichtig für Ihren Umsatz, denn bei und mit ihnen ergeben sich immer wieder neue Chancen, Lust auf neue Artikel und Begehrlichkeiten zu wecken. Und wie Sie wissen, ist Lust ein ganz wichtiger Faktor, um heutzutage Artikel an den Mann bzw. die Frau zu bringen. Doch haben diese Einkaufsbummler nichts mit den Unentschlossenen zu tun. Diese Kundentypen haben schlicht und einfach Spaß daran, sich von den Angeboten und Serviceleistungen anregen zu lassen. Gerade in etwas ruhigeren Zeiten wäre so manches Unternehmen froh, wenn sich wenigstens ein paar Einkaufsbummler im Ladenlokal befinden würden. Also pflegen Sie diese Kundenspezies, denn auch sie sorgt letztendlich für Umsatz im Handel.

Nun aber wieder zurück zu den „Unentschlossenen", bei denen man ebenfalls unterschiedliche Typen unterscheiden sollte. Es gibt Menschen, die im Allgemeinen sehr entscheidungsfreudig sind, nur bei gewissen Artikeln oder Punkten in Ihrem Leben tun sie sich sehr schwer. Beispielsweise gibt es Manager, die im beruflichen Alltag eine Entscheidung nach der anderen treffen, aber beim Kauf eines T-Shirts sehr zögerlich sind und für diese Entscheidung ein bis zwei Stunden benötigen.

Auf der anderen Seite gibt es natürlich Kunden, die sich generell schwer entscheiden können. Diese Menschen brauchen nicht nur beim T-Shirt-Kauf mehr als drei Anläufe, sondern benötigen auch bei anderen „wichtigen" Entscheidungen, wie zum Beispiel der, wohin es heute zum Essen geht, den ganzen Abend, so dass es sich letztendlich gar nicht mehr lohnt, das Haus zu verlassen. Doch wie Sie gleich sehen werden, ist es für Sie im Verkauf unerheblich, ob sich ein Mensch generell schwer entscheiden kann oder ob er sich nur bei Ihnen im Geschäft schwer entscheidet. Beide Kundentypen brauchen letztendlich Ihre Hilfe.

Weshalb legt dieser Kunde diese Verhaltensweise an den Tag?

Er kann nicht anders, und es steckt niemals böse Absicht hinter dem Verhalten dieses Kunden. Immer wieder begegnet mir in meinen Seminaren das Vorurteil, dass sich manche Kunden nur Zeit für eine Entscheidung lassen, um es den Mitarbeitern im Verkauf schwer zu machen. Das ist wirklich Blödsinn. Wie ich bereits schrieb: Die „Unentschlossenen" leiden meist selbst unter ihrer Unentschlossenheit!

Was könnten die Beweggründe für dieses Verhalten sein?

Das kann zum Beispiel daran liegen, dass sich dieser Mensch gerade in Ihrem Sortimentsbereich unsicher ist, weil er einfach zu wenig davon versteht. Wie bei dem Beispiel des Managers, der in allen beruflichen Belangen sehr schnelle Entscheidungen treffen kann, ist es durchaus möglich, dass er sich in Bezug auf Kleidung einfach unsicher ist.

Andererseits gibt es Menschen, die in ihrem Unterbewusstsein eine Art Glaubenssatz haben, der ihnen permanent und überall einredet, dass schnelle Entscheidungen keine guten Entscheidungen sind. Noch gravierender sind so genannte Grundansichten wie: Ich kann mich schlecht entscheiden.

Diese Glaubenssätze, die in unserem Unterbewusstsein schlummern, haben einen enormen Einfluss auf unser Leben und natürlich auch auf unsere Entscheidungen und unsere Entscheidungsfreude. Woher diese Glaubenssätze stammen und wie sie in unser Unterbewusstsein gelangt sind, das ist eine lange Geschichte, die den Rahmen dieses Buchs sprengen würde. Sollten Sie dennoch an Ihren Glaubenssätzen interessiert sein, dann besuchen Sie einfach einmal einen Psychotherapeuten bzw. einen Psychologen. Diese Fachleute sind meist sehr schnell dazu in der Lage, Ihnen Ihre wichtigsten Glaubenssätze offenzulegen. Vor allen Dingen möchte ich Ihnen mit dem Hinweis auf die Glaubenssätze noch einmal vor Augen führen, dass der unentschlossene Kunde in den allermeisten Fällen nicht aus böser Absicht heraus handelt, sondern eben – genau wie Sie und ich – seiner Persönlichkeitsstruktur ausgeliefert ist.

Was möchte dieser Kunde mit diesem Auftreten bezwecken?

Der „Unentschlossene" möchte nichts weiter, als dass er die Sicherheit für eine möglichst gute Entscheidung gewinnt. Und Sobald Sie ihm diese Sicherheit vermitteln, wird er sich mit einem guten Gefühl entscheiden.

Sollte der „Unentschlossene" allerdings zu einer Entscheidung gedrängt werden, bei der er kein gutes Gefühl hat, dann hat nicht nur dieser Kunde, sondern auch der Verkäufer ein Problem. Denn entweder taucht der Kunden bald wieder auf und tauscht den gekauften Artikel um oder er kommt nie wieder in Ihr Geschäft, weil er sich diesem Druck der falschen Entscheidung nicht mehr ausliefern möchte.

Die zweite Variante wäre die für Ihr Unternehmen weitaus schlechtere Variante. Denn sie bedeutet nicht nur den Verlust eines Kunden, sondern ist meist mit dem Verlust weiterer Kunden verbunden. Denn der sich bedrängt fühlende Kunde wird in seinem Bekannten- und Freundeskreis natürlich darüber berichten, dass man in Ihrem Geschäft sehr aufdringlich beraten wird. Und das ist für ein Unternehmen quasi der Supergau. Dass man dennoch in manchen Fällen Entscheidungen für den Kunden treffen kann und soll, wird Ihnen bei der nächsten Frage klar werden.

Wie könnte bzw. sollte ich reagieren?

Auf alle Fälle sollten Sie diesen Kunden mit einer hohen Wahrnehmungsfähigkeit begegnen. Denn bei den „Unentschlossenen" ist es außerordentlich wichtig, dass Sie als Verkäufer erkennen, wann der Kunde seinen Entscheidungsprozess einläutet. Haben Sie diesbezüglich eine hohe Wahrnehmungsfähigkeit entwickelt, wissen Sie in den meisten Fällen früher als der Kunde selbst, welche Entscheidung der Kunde bereits unbewusst getroffen hat bzw. in welche Entscheidungsrichtung der Kunde tendiert.

Damit Ihnen klar wird, was mit diesem Tipp gemeint ist, liefere ich Ihnen ein paar Kundenäußerungen, die Ihnen signalisieren, dass sich Ihr Kunde zumindest in einem Entscheidungsprozess befindet:

„Doch das sieht ganz gut aus. Das gefällt mir schon ganz gut. Dieser Artikel entspricht so in etwa meinen Vorstellungen. Kann man diese Bluse auch selbst waschen? Meinen Sie, ich kann mit diesem Fahrrad auch auf Schotterwegen fahren? Ist dieser Laufschuh auch für Waldböden geeignet?"

All das sind Signale, die Ihnen andeuten, dass der Kunde sich auf dem Weg zu einer Entscheidung befindet. In vielen Fällen wird in derartigen Verkaufssituationen der Fehler gemacht, dass weitere Artikel gezeigt werden. Das läuft dann ungefähr folgendermaßen ab: „Ja, das ist ein sehr schöner und praktischer Artikel. Hier haben wir dann alternativ noch dieses Modell, das für Ihren Zweck ebenfalls sehr gut geeignet wäre." Das ist zwar von dem betreffenden Verkäufer gut gemeint, kann aber gerade beim unentschlossenen Kunden zu weiterer Verwirrung führen. Also merken Sie sich, wenn ein Entscheidungssignal kommt:

Stoppen Sie Ihre Präsentation!

Bestätigen Sie den Kunden und warten Sie erst einmal ab, wie sich der Entscheidungsprozess beim Kunden weiterentwickelt. Erst wenn Sie erkennen, dass der Kunde doch noch weitere Angebote sehen muss, zeigen Sie ihm Alternativen. Nur mit diesem Tipp kürzen Sie so manches langatmige Verkaufsgespräch ab und helfen Ihren Kunden bei schnelleren Entscheidungsfindungen.

Jetzt gibt es mit den unentschlossenen Kunden immer wieder Situationen, die am Ende des Verkaufsgesprächs zu folgender Kundenäußerung führen: „Ich muss es mir noch einmal überlegen." Anstatt innerlich zusammenzuzucken, sollten Sie sich lieber darauf besinnen, wie Sie Ihrem Kunden das Gefühl geben, doch noch eine gute Entscheidung treffen zu können. Und das funktioniert folgendermaßen: Sie vermitteln Ihrem Kunden das Gefühl, dass er sich noch einmal in Ruhe Gedanken machen kann und dass Sie ihn keinesfalls bedrängen. Anschließend setzen einen sogenannten

Entscheidungsauslöser.

Dieser Entscheidungsauslöser kann entweder eine geschlossene

Frage oder eine Alternativfrage sein. Das Ganze könnte wie folgt ablaufen:

Kundin: „Ich glaube, ich muss mir das mit den Schuhen noch einmal überlegen."

Verkäufer: „Ja, überlegen Sie es sich noch einmal."
– Sprechpause – „Würde denn der schwarze oder der braune Pumps besser zu Ihrer Garderobe passen?"

Ob die Kundin will oder nicht, sie wird auf jeden Fall überlegen, ob der schwarze oder der braune Pumps besser zu ihrer Garderobe passt. Und wenn Sie Glück haben und die Kundin wirklich unentschlossen war, dann trifft sie jetzt eine Entscheidung. Wenn nicht, ist das auch kein Problem, denn dann haben Sie auf jeden Fall Ihr Bestes gegeben.

Stellen Sie diese Abschlussfrage aber bitte erst, wenn Sie Ihrem Kunden signalisiert haben, dass er sich auch in Ruhe entscheiden kann. Denn sonst hätte der Kunde das Gefühl, dass Sie ihn bedrängen wollen, und das sollte niemals passieren. Mit der geschlossenen Frage würde sich das Ganze in etwa so anhören: „Ja überlegen Sie es sich noch einmal." – Sprechpause – „Die Passform des schwarzen Pumps war doch ideal? Die Form hat Ihnen doch auch zugesagt? Und Sie sagten doch, dass Sie zu schwarz eine Menge an Kombinationsmöglichkeiten haben, oder?"

Auch hier kann bei dieser Kundin ein Entscheidungsprozess eingeläutet werden. Lassen Sie sich einfach einmal oder besser gesagt mehrmals überraschen, wie man mit diesen Entscheidungsauslösern schon fast verloren geglaubte Verkaufsgespräche retten kann. Und das Schöne ist, dass Sie mit dieser Methode auch noch für dankbare Kunden sorgen.

Denn es ist für unentschlossene Menschen ein fast unglaubliches Erfolgserlebnis, wenn Sie plötzlich merken, dass Sie entgegen aller Erwartungen relativ schnelle Entscheidungen treffen können. Wie bei allen anderen Kundentypen lautet auch jetzt wieder die Devise: Übung macht den Meister! Hier kommt erst einmal die Checkliste und danach freuen Sie sich bestimmt auf den nächsten unentschlossenen Kunden.

Formulierung bzw. Verhalten des Kunden:

„Dieser Artikel gefällt mir schon ganz gut. Doch ich glaube ich brauche noch ein wenig Zeit, um mir zu überlegen, ob dieser Artikel auch wirklich etwas für meinen Anlass ist."

Weshalb legt dieser Kunde diese Verhaltensweise an den Tag?

Was könnten die Beweggründe für dieses Verhalten sein?

Was möchte dieser Kunde mit seinem Auftreten bezwecken?

Wie könnte bzw. sollte ich reagieren?

Hier hatten Sie gleich zwei Chancen für eine Lösung. Zum einen hätten Sie nur die erste Aussage bestätigen müssen und abwarten können, was geschieht. Und die zweite Chance war, dass Sie zum Schluss einen Entscheidungsauslöser hätten setzen können. Doch ich bin mir sicher, dass Sie selbst auf beide Lösungsansätze gestoßen sind. Wichtig ist auch bei dieser Checkliste, dass Sie sich mit eigenen Worten bewusst machen, wieso sich dieser Kundentyp so verhält und was er bewusst oder auch unbewusst mit seinem Verhalten bezwecken möchte. Ist Ihnen sein Verhalten erst einmal bewusst geworden, fällt es Ihnen bedeutend leichter, locker und souverän auf die unterschiedlichen Kundentypen zu reagieren.

Meine Gedanken zu diesem Kapitel:

Wie habe ich mich bisher in Situationen mit diesem Kundentyp gefühlt?

Wie möchte ich mich gerne in zukünftigen Situationen fühlen?

Wie habe ich bisher in Situationen mit diesem Kundentyp gedacht?

Wie möchte ich gerne in zukünftigen Situationen denken?

Wie habe ich bisher in Situationen mit diesem Kundentyp gehandelt?

Wie möchte ich gerne in zukünftigen Situationen handeln?

Und es gibt sie doch diese Kunden!

Jetzt haben wir sie alle, die Kunden, die es gar nicht gibt. Oder sollte man vielleicht lieber sagen, die es gar nicht geben sollte? Nein, das sollten wir auf keinen Fall sagen, denn letztendlich ist jeder Kunde für uns ein Gewinn und bietet uns die Chance, neue Umsatzpotenziale zu gewinnen.

Natürlich brauchen wir uns nicht mit Kunden zu beschäftigen, die vor lauter Trunkenheit gar nicht mehr in der Lage sind, bei uns einzukaufen. Und wie in diesem Buch erwähnt, müssen wir uns auch nicht von irgendwelchen Zeitgenossen beschimpfen lassen, nur weil denen eine Laus über die Leber gelaufen ist. Doch, wie Sie sicherlich erkannt haben und Gott sei Dank auch tagtäglich erleben, sind diese völlig aus dem Rahmen fallenden Kunden so verschwindend selten, dass man deren Anteil nicht einmal in Prozentpunkten vor dem Komma erfassen könnte. Letztendlich brauchen wir uns also um diese ausgefallene Spezies keine Gedanken zu machen.

Anders sieht es mit den Kundentypen aus, die in diesem Buch beschrieben werden. Diese Kunden kommen tagtäglich in unsere Geschäfte und sorgen für unsere Beschäftigung (und unsere Existenz). Doch sind diese Kunden wirklich so außergewöhnlich und schwer zu handhaben? Nach der Lektüre dieses Buches sicherlich nicht mehr. Denn wie Sie bereits erkannt haben, sind fast alle Verhaltensweisen menschlicher Natur. Und das Schöne an diesen manchmal außergewöhnlich anmutenden Verhaltensweisen ist, dass Sie – mit einer anderen Perspektive betrachtet – enorme Abwechslung in unser Leben und unseren Arbeitsalltag bringen.

Stellen Sie sich einmal vor, alle Kundenpersönlichkeiten wären gleich gestrickt. Das würde bedeuten, dass jedes Verkaufsgespräch nach einem gleichen Schema ablaufen würde. Alle Kunden kämen in unser Geschäft, würden uns freundlich begrüßen, ihren Wunsch äußern, wir würden ihnen die entsprechenden Artikel vorlegen, und die Kunden würden sich nach einer kurzen Beratung für einen oder auch mehrere Artikel entscheiden. Klingt fast wie in einem Märchen oder? Wäre es auch wirklich ein Märchen? Ehrlich gesagt, glaube ich nicht, dass es ein Märchen wäre, sondern auf Dauer eher ein monotoner Albtraum.

Das Verkaufen würde uns mit der Zeit so langweilen, dass wir wahrscheinlich keinen Spaß mehr an unserer Tätigkeit hätten. Und außerdem wären wir auf lange Sicht überflüssig. Wären nämlich alle Kunden problemlos in der Handhabung, dann bräuchten wir auch keine topausgebildeten Verkäufer mehr in Deutschlands Geschäften, sondern ein paar Warenverteiler würden es auch tun. Unter diesem Gesichtspunkt betrachtet, können wir uns über jeden Kunden freuen, der ein bisschen Abwechslung in unseren Alltag bringt.

Lassen wir Sie also hochleben
    den „Arroganten",
    den „Schweigsamen",
    den „Dampfplauderer",
    den „Rechthaber",
    den „Kumpelhaften",
    den zumindest leicht „ Angetrunkenen",
    den „Antiautoritären",
    den „Feilscher",
    den „Sparsamen",
    den „Unzufriedenen"
    und natürlich auch den „Unentschlossenen"!

Sie leben hoch!

Und bestimmt haben Sie auch die **drei** Grundstrategien entdeckt, die hinter allen Umgangsstrategien mit diesen Kunden stecken. Na, wissen Sie schon welche drei ich meine?

Genau es sind:

1.

2.

3.

Und konnten Sie die drei Strategien selbst eintragen? Wenn ja, dann gratuliere ich Ihnen.

Wenn nein, dann gratuliere ich Ihnen auch.

Denn dann haben Sie die Möglichkeit sich jetzt noch einmal klarzumachen, was die wichtigste Voraussetzung im Umgang mit den, nennen wir sie einmal besonderen Kunden ist. Diese Grundvoraussetzung wird für Sie nicht nur im Umgang mit Ihren Kunden hilfreich sein, sondern sie wird Ihnen den Umgang mit allen Menschen und ihren Besonderheiten mehr als erleichtern.

Und sind Sie schon darauf gekommen, welche Ihrer Fähigkeiten, das sind?

Okay, nun will ich Sie nicht länger auf die Folter spannen. Es sind:

1. **Verständnis**
2. **Verständnis**
3. **Verständnis**

Das war doch klar, oder?

Nur wenn Sie mit dem nötigen Verständnis auf die unterschiedlichen Kundenpersönlichkeiten zu- und eingehen, haben Sie tatsächlich eine Chance, um

1. **Erfolgreich zu verkaufen,**

2. **Stress zu vermeiden, und**

3. **mit großer Freude Ihren Alltag zu genießen!**

Und die Freude und der Spaß sind doch letztendlich das Wichtigste, um wirklich erfolgreich verkaufen zu können. Denn ohne Spaß hat man mit Sicherheit nicht die Ausstrahlung, die benötigt wird, um Kunden zu begeistern Und die Begeisterung der Kunden ist nun einmal die Grundvoraussetzung, mit der man auch heute noch sensationelle Umsätze erzielen kann. Nicht umsonst heißen zwei meiner bekannten Bücher: „So macht Verkaufen richtig Spaß!" und „Der begeisterte Verkäufer!".

Sollte Ihnen ab und zu das Verständnis für gewisse Eigenarten Ihrer Kunden bzw. Ihrer Mitmenschen abhanden kommen, dann denken Sie stets daran, dass auch Sie und ich unsere Eigenarten haben. Wie heißt es so schön auf Neudeutsch:

Nobody is perfect!

Warum sollen also ausgerechnet unsere Kunden und unsere Mitmenschen perfekt sein, wenn wir es nicht einmal selber sind? Das wäre doch zu langweilig! Genießen Sie Ihre und die Eigenarten Ihrer Kunden, und erfreuen Sie sich an der Vielfalt der vorhandenen Persönlichkeiten, die Sie umgeben.

In diesem Sinne wünsche ich Ihnen eine glückliche Zeit und natürlich sensationelle Umsätze mit all Ihren Kunden! Ganz besonders freue ich mich, wenn Sie mir von Ihren Erlebnissen mit den unterschiedlichen Kundentypen berichten. Vielleicht läuft Ihnen ja auch der ein oder andere Kundentyp über den Weg, den wir in diesem Buch noch nicht erwähnt haben. Und diese Kundentypen könnten eventuell die Basis ein neues Buch ergeben. Meine Adresse finden Sie im Anhang dieses Buchs.

Es grüßt Sie ganz herzlich Ihr Andreas Nemeth!
Dankeschön!

Herzlich bedanken möchte ich mich am Ende bei Ihnen, für Ihre Aufmerksamkeit und Ihr Interesse an diesem Buch.

Ein Buch entsteht nur mit tatkräftiger Unterstützung vieler Menschen. Bis es bei Ihnen zuhause im Regal steht, hat ein Buch zahlreiche Hände durchlaufen. Daher möchte ich an dieser Stelle einmal allen Menschen danken, die oftmals vergessen werden und dennoch zum Gelingen meiner Bücher beitragen. Dazu gehören beispielsweise die Mitarbeiter in den Druckereien, in den Verlagen, die Buchhändler und natürlich auch die Paketboten der verschiedenen Paketdienste, die das Buch zu Ihnen nach Hause bzw. in die Buchhandlungen liefern.

Den letzten Schliff bekommt ein Buch durch die Lektorin. Daher bedanke ich mich recht herzlich bei Ulrike Ascheberg-Klever, die professionell und mit viel Liebe zum Detail diese Ausgabe nicht nur lektoriert, sondern auch meine spontanen Formulierungen in eine lesbare Form gebracht hat.

Ohne ein interessantes Cover verkauft sich ein Buch meist nicht so erfolgreich. Wolf Scherner hat mit seiner Kreativität das interessante Buchcover gestaltet. Dankeschön!

Besonders bedanken möchte ich mich auch bei all meinen Seminarteilnehmern, die mir mit ihren Fragen und ihrer begeisternden Mitarbeit immer wieder Ideen für neue Buchprojekte liefern.

Kontaktadresse

Hier können Sie das aktuelle Seminarprogramm und alle Bücher von Andreas Nemeth anfordern:

NEMETH TRAINING + BERATUNG
Postfach 1930
97669 Bad Kissingen
Tel.: 0971-65184
Fax: 0971-60456
E-Mail: info@nemeth-training.de
Homepage: www.nemeth-training.de

Weitere Bücher von Andreas Nemeth

Erfolg fällt nicht vom Himmel - Via Nova

Glücklichsein in jeder Lebenssituation - Via Nova

Die Serviceoase - NEW Verlag

So macht Verkaufen richtig Spaß - NEW Verlag -

Über-lebe - NEW Verlag

Lebensgewinner - NEW Verlag

Reden ist Silber, Überzeugen ist Gold! - NEW Verlag

Das ganze Jahr gut drauf! - NEW Verlag

Begeistere Dich selbst! - NEW Verlag

Der begeisterte Verkäufer - NEW Verlag

Der Potenzialcoach - NEW Verlag

Der Autor stellt sich vor

Andreas Nemeth – der Potenzialentwickler – Erfolgscoach und Buchautor, zählt seit über 25 Jahren zu den erfolgreichen und meist gebuchten Kommunikationstrainern und Speakern im deutschsprachigen Raum.

Auf Symposien und Tagungen begeistert Andreas Nemeth sein Publikum mit Vorträgen über leistungssteigernde Motivations- & Kommunikationsstrategien mit seinen JABALANCE®-Potenzialprinzipien.

Als der Potenzialentwickler im deutschsprachigen Raum ist es für ihn eine Berufung, erfolgreichen Unternehmen und Persönlichkeiten aus den verschiedensten Bereichen zu zeigen, wie sie ihre Leistungspotenziale entdecken und vor allem nutzen können. Mit seinem Unternehmen und seinem Team hält der Kommunikationstrainer seit Jahren erfolgreiche Motivations- Verkaufs- und Führungstrainings. Weitere Informationen über Andreas Nemeth erhalten Sie unter www.nemeth-training.de!

Lust auf Vorträge und Trainings mit Andreas Nemeth?

Die Nemeth-Potenzialvorträge© für Ihren Erfolg!

Lassen auch Sie sich mitreißen und beschenken Sie Ihre Mitarbeiter, Geschäftsfreunde oder Verbandskollegen mit einem Vortrag von Andreas Nemeth.

Das Nemeth-Potenzialtraining© – Mit Persönlichkeit führen!

Vergessen Sie alles, was Sie bisher über Mitarbeiterführung und Mitarbeitermotivation gehört haben. Mit diesem Führungstraining zeigen wir Ihnen den Erfolgsweg!

Das Nemeth-Potenzialtraining© – Mit Persönlichkeit verkaufen!

Das begeisternde Verkaufstraining, mit dem wir mittlerweile schon Zehntausenden von Verkäufern den Weg des Erfolgs geebnet haben! Denn nur ein begeisterter Verkäufer ist ein erfolgreicher Verkäufer! Begeisterte Kunden sind Ihre Zukunft!

Das Nemeth-Potenzialtraining© – Begeistere Dich selbst!

An diesem Tag erleben Sie Spaß, Lebensfreude und Entspannung pur. Erfolgscoach Andreas Nemeth zeigt Ihnen, wie Sie sich von Ihren Blockaden befreien, Ihre persönlichen Potenziale und Stärken ausbauen und Ihr Leben in vollen Zügen genießen.

Wir freuen uns auf Sie!